全米No.1バンカーが教える

# 最強の気くばり

THE GREATEST HOSPITALITY

NPO法人PYD創業者
元バンク・オブ・アメリカ　ヴァイスプレジデント
酒井レオ

サンマーク出版

プロローグ

# 初対面の相手と目を合わせられないほどシャイだった私が、バンク・オブ・アメリカで最年少にして営業成績「全米No．1」を獲得できた理由

初めまして。

私は酒井レオといいます。

ニューヨーク生まれ、ニューヨーク育ちの生粋のニューヨーカーですが、日本人の両親のもと、幼いころから日本人としてのマインドをたたき込まれて育ちました。

PROLOGUE

現在はニューヨークと東京を数か月ごとに行き来しながら、リーダー育成の教育研修を行うかたわら、世界を舞台に活躍を志すビジネスマンたちを応援するためのＮＰＯ法人Pursue Your Dream Foundation（ＰＹＤ）の活動も行っています。

それ以前は、およそ10年間にわたって数社でバンカー（投資銀行家）を務め、**最後に在籍したアメリカのメガバンク「バンク・オブ・アメリカ（通称バンカメ）」では、史上最年少で全米Ｎｏ．１の営業成績をおさめるという実績にも恵まれました。**

今でこそ、こうした経験をもとにさまざまな場所で研修を行い、数多くのビジネスマンや学生たちの支援を行っていることから、「レオさんは、さぞかし人づきあいに長《た》けた人なんだろう」と想像する人もたくさんいるのですが、**じつは私はもともと極端な人見知りで、人とまともに目を合わせられないほど内気な人間でした。**

営業先でお客さんの前に出ても、下を向くばかり。会話を始めたとたん、顔がスイカのようにまっ赤になり、汗が噴き出してくるというありさまです。

自分の動揺をなんとか相手に悟らせまいと、顔を伏せたまま、わざとつっけんどんに書類を渡して、逃げるように帰ってきたことも一度や二度ではありませんでした。

**にもかかわらずなぜ、アメリカのトップクラスのメガバンクでNo．1の成績を、しかも、とりわけ人と接する機会の多い営業という仕事で、おさめることができたのか――。**

その最大の要因をひとことで言い表すなら**「気くばり」**にあります。

日本語の「気くばり」は、もともと「心遣い」や「いたわり」、「思いやり」といった意味を示す言葉。一方、私の掲げる「気くばり」は、もう少し違ったニュアンスが加わります。

冒頭でお伝えしたように、**日本人の両親のもと、ニューヨークで生まれ育っ**

**た私には、意図せずして2つのバックグラウンドが備わっていました。**

ひとつは、**日本人としてのバックグラウンド。**

幼いころから両親に日本式のきめ細かな感性や心遣いをたたき込まれたことが、私を**「細かいことによく気がつく」**人間に育て上げていました。

もうひとつは、**アメリカ人としてのバックグラウンド**です。

バンカー時代の上司に象徴される**「とにかく、まず行動せよ」**というアメリカ式の姿勢を、身をもって教わったことが、シャイな私を変えてくれました。

**日本式のきめ細かな「気づき」と、アメリカ式の「行動力」。**

この2つが融合した「気くばり」のスキルによって、相手と視線もまともに合わせられないような人見知りだった人間が、いつしか誰とでもうちとけて幅広く密度の濃い信頼関係を築き、お互いの力を合わせながら、人一倍優れたパフォーマンスを発揮できるようになったのです。

＊　＊　＊

詳しくはこれから本書を通してご紹介していくとして、**私はこうしたスキルは、誰でもちょっとした心がけを繰り返すことで身につくと確信しています。**

多少消極的な性格であったとしても、相手の思いに「気がつく」日本人的な感性を持ち合わせていれば、そこに「行動力」のエッセンスを加えて、全方位的な「気くばり」を身につけるのは難しいことではありません。

もちろん、逆もまた然《しか》りで、考えるよりも行動を起こすことを得意とする人であれば、細やかな気づきの感性を意識して身につけることで、やはり無敵の「気くばり」のスキルを手にすることでしょう。

**世界経済の中心ともいうべきニューヨークの地で勝ち抜くため、極端に人見知りだった私が試行錯誤の末に身につけた「最強の気くばり」。**

このスキルをあなたも会得し、最良の人間関係と最高のパフォーマンスを実現できる人に生まれ変わることを、切に願ってやみません。

プロローグ　001
初対面の相手と目を合わせられないほどシャイだった私が、
バンク・オブ・アメリカで最年少にして
営業成績「全米No.1」を獲得できた理由
PROLOGUE

CHAPTER1
公平
FAIR
# 人を選ばない

016　転職先で待っていたのは「地獄のような日々」だった
019　上司の営業スタイルから学んだ「信頼」の築き方

CONTENTS

人との接し方を工夫するにつれてみるみる業績アップ！ 021
「全米No．1」をもたらしたシンプルにして最強の「気くばり」 024
「人を選ばない」姿勢が決定的なチャンスを生む 026
ほんとうの宝物は「人が行かない場所」に埋まっている 028
「銀行マンらしくない」と言われることが最高のほめ言葉 031
「1万円のお客さん」と「1億円のお客さん」、大事にするのはどっち？ 033
自分を成長させたければ、「人気のある人」のもとへは行くな 036
運動の苦手な〝ガリ勉くん〟をサッカー部に招き入れた理由 039
異質なもの同士の「つながり」が組織を活性化させる 042
一度つながった「縁」は、自分からは絶対に切らない 044
1000人以上の知り合いと「連絡を欠かさない」コツ 048
「用がないときでも電話をかける」ことの意外なメリット 052
「浅い友達」が去ったときこそ、わが身をふり返るチャンス 055

CHAPTER2

# 謙虚

MODESTY

# とにかく相手を気持ちよくさせる


日本人以上に「日本人魂」を教え込まれた子ども時代 058
お金を稼ぐ意味は「時給25円のアルバイト」から教わった 061
「下手に出る」作戦でどんな不利な環境も乗り越えられる 063
相手の期待を「気持ちよく裏切る」ことで印象はよくなる 066
一流の人ほど「謙虚な人」の存在を見逃さない 068
イケメンの友人に教わった「失敗」を「面白い」に変える方法 071
どんな相手とでも距離を縮められる「3つのステップ」 075
自分から「オープンに接する」姿勢のメリットは計り知れない 078
どうして「最寄り駅の駅員さん」全員と知り合いになれたのか？ 080

CONTENTS

CHAPTER3

観察

# 目で見て、察する

WATCH

どこへ行っても「常連以上」に待遇をよくしてもらえる理由 082
「これ」だけで高級レストランの最高のおもてなしを受けられる！ 085
人と話すのが苦手でもできるコミュニケーション上達の秘策 090
「一流のほめ方」と「二流以下のほめ方」はここが違う 093
初めての打ち合わせで「腕時計の針を30分進めておく」理由 096
目でよく見ておくからこそ「目に見えない気くばり」ができる 099
お金をかけなくても「思いやり」が伝わるプレゼントのコツ 101

CHAPTER4

情報

INFORMATION

# お金で買えない「価値」の見つけ方

105 後ろを向いていても、その「笑顔」は相手に見えている
108 できる人はなぜ、握手の前に「手をポケットにつっ込む」のか？
111 今日から「第一印象」をよくできる5つのポイント
118 「お金のタネ」はそこら中に転がっている
120 誰かの「面倒くさい」を解決することがビジネスの始まり
124 人生を変えたある「大富豪のメンター」との出会い
126 「ユダヤ人の超大金持ちたち」の会合に出席してわかったこと

CONTENTS

128 「大金持ちなのにおごってくれない」ほんとうの理由
131 最後のチャンスを目の前にして気づいた「情報」の大切さ
133 私が「ある話」を切り出した瞬間、彼らの雑談がピタッとやんだ
137 生きた情報を得たければ「点と点をつなぐ」ことを意識せよ
140 どんな相手も価値を認めてくれる「MRI」の見極め方
142 「情報」の魅力を最大化させるうえで気をつけるべき2つのこと
145 お金や人脈がなくても「優れた情報」が得られるシンプルな方法
147 その話題はインターネットやテレビの「受け売り」になっていないか？
149 毎日必ず「違うお店」にランチを食べに行く理由
151 ニュースチャンネルはつねに「2つ以上」チェックしよう
154 「小さな目標」を立てて脳をさぼらせない
156 「仕事とは別のコミュニティ」が成長と自信の糧になる
158 すべては自分の小さな「箱」から出ることから始まる

CHAPTER5

行動

ACTION

# 「何者か」ではなく「何ができるか」


恥ずかしいときこそ自分から「先陣」を切れ 164
「What do you do?」派か、それとも「What are you?」派か 167
アメリカの就職で「ハーバード大学出身」よりも重視されること 169
「いかにミスしないか」より「いかにミスに対処するか」が大事 171
1回目がダメでも、条件を変えて「3回」チャレンジせよ 175
何事もやるからにはその1回に「100%の力」を注ぐ 177
15年間続いた「反抗期」が強いメンタルと体力を培ってくれた 180
その状況を「逆境」にするか「好機」にするかは自分次第 182

CONTENTS

CHAPTER6

勝利

WIN

# 49%を譲って、51%を獲れ

188 攻撃されたら、仕返しはせずに相手を「優しく殺す」
192 相手を負かさずに勝つユダヤ式「51対49」の教え
194 絶対に譲らない「51%のライン」を最初に決めておく
197 20代、30代のうちは「貸し」をつくることをためらわない
199 「譲る」部分と「守る」部分のバランスを上手に見極める
202 相手に借りをつくったら「2割増し」で返しなさい
204 「頼まれごと」は3回まで無条件で引き受ける
207 「もうけること」より「正しいこと」を優先すべき理由

目の前の「人とのつながり」は損をしてでも取りに行け　209
「お返し」の心が私を一人ぼっちから救ってくれた　212

EPILOGUE

エピローグ　216
今日、あなたも誰かの運命を変える「ひとり」になるかもしれない

装丁●戸倉巌（トサカデザイン）
カバー写真●Jan Stromme/The Image Bank/ゲッティイメージズ
本文デザイン・DTP●高橋明香（おかっぱ製作所）
編集協力●辻由美子
株式会社ぷれす
編集●平沢拓（サンマーク出版）

# 人を選ばない

# FAIR

公平

CHAPTER1

# 転職先で待っていたのは「地獄のような日々」だった

大学を卒業して最初に就職したのは、地域に密着した中規模の銀行でした。

**当時の私は、初対面の相手を前にしたとたん、スイカのようにまっ赤な顔になり、まともに視線を合わせられないほどのシャイな人間。**

もっとも、銀行での業務は事務が中心で、一日中数字を相手にパソコンと向き合うオペレーションの仕事は、人嫌いの私にはまだ比較的適していたものと思われます。

やがて、優秀な社員だけが選ばれる育成プログラムに抜擢《ばってき》されたことをきっかけに、将来の幹部候補生として、さまざまな業務を経験するチャンスに恵まれました。このままいけば、私はこの銀行で順調に出世し、管理部門のトップクラスになれたかもしれません。

**転機は3年目にやってきました。当時、私がついていたテディという上司がバンク・オブ・アメリカ（Bank of America：通称バンカメ）にヘッドハンティングされることになったのです。**

彼は部下だった私をバンカメに誘いました。というのも、管理や事務作業に長《た》けていた私を、彼は優秀なアシスタントとして認めてくれていたからです。

さらに、そのころアメリカの金融業界にはアジアンブームが押し寄せていました。日本からアメリカに対する投資が盛んになり、アメリカの企業の間でも日本語が堪能な人材に対する需要が高まっていたのです。

正直なところ、最初は悩みました。当時の仕事にようやく自信を持ち始めていた時期でもあり、いきなり新しい環境へ移ることへの不安があったのです。

けれども、しばらく時間を置いて考え抜いた末、結果的に誘いを受けることにしました。バンカメは当時勤めていた銀行の数倍の規模を誇っていたうえ、なんといっても世界中のビジネスが集まる拠点です。

ジャパニーズ・アメリカンという2つの異なるバックグラウンドを持つ自分のアイデンティティを全うするためにも、将来は海外進出も視野に入れ、より大きなスケールで自分の可能性にチャレンジしたいという野望が、内気な私にも少なからずありました。

そうして26歳のとき、私は上司のテディがいるバンカメに転職しました。**しかし、ここで私を待っていたのは、それまでとはまったく異なる、予想外の仕事でした。**

なんと転職初日、いきなりテディから「アジア人の営業は君が担当しなさい」と言われたのです。私は青くなりました。

「絶対無理です！　私はオペレーションの仕事が向いている人間です。人前に出るなんて、とてもできません」

けれども、必死の抵抗むなしく、テディは私を半ば強制的に営業の現場に送り出しました。

「君が次のステージに行くためには、絶対営業ができなければダメなんだ」

まさにアメリカ式です。泳げなくても、プールに突き落として「とにかく自分で泳いでみろ。そうすれば絶対おまえは泳げるようになる！」という「まず行動させて、覚えさせる」スパルタ方式。

案の定、人前に立つのが初めての私にとって、それからの数か月間は地獄さながらでした。「恥ずかしい」「怖い」「ミスしたくない」……そんなネガティブな思いに包まれ、ろくにお客さんの対応もできない日々が続いたのです。

# 上司の営業スタイルから学んだ「信頼」の築き方

あるとき、様子を見かねたテディが、「俺のやり方から盗め」と言わんばかりに自分の営業に同行させてくれることになりました。そして、そのときの体験が私に衝撃を与えたのです。

それまで、私にとって営業とは「口から出まかせに調子のいいことを言って、お金を取ってくる半分グレーな仕事」という認識で、あまりいいイメージではありませんでした。

ところがテディの営業は、その偏見をくつがえしてくれました。

学生時代アメフト選手だったテディは、体格も大きく、見るからにパワフルです。そんな彼が、ニコニコと親しみやすい笑顔でゴシップネタなどを織り交ぜて面白おかしく話すうちに、最初の応対ではどう見てもネガティブな姿勢を見せていた相手が、どんどん引き込まれていくのです。

**そしてある瞬間を潮目に、場の空気がガラリと変わっていく。気づけば、別れる間際に「君のところと取引するよ」と相手とガッチリ握手をかわしているのです。**その瞬間は見ていて鳥肌がたつほどでした。

彼の魅力は、ただ優しくて面白いだけではありませんでした。ネクタイをほめたり、さりげなくボディタッチを入れたり、名刺を渡したり、といったタイミングの選び方がいちいち絶妙なのです。

また、つねにフラットな思いやりを持って、どんな相手とでも本音で向き合いました。**「苦手なお客さん」でも「親しいお客さん」でも、変わらずお互いのメリットをきちんと提示し、みるみる信頼関係を築いていくのです。**

そんな彼を前に、「テディと仕事がしたい」と向こうから頼み込んでくるお客さんもあとを絶ちませんでした。

テディの営業の現場を目の当たりにしたことで、私は金融の世界本来の役割や、銀行マンとしての「やりがい」をあらためて自覚することができました。

接客にもっとも向かない（と思い込んでいた）私を営業の現場に放り出したのはテディの無茶ぶりでしたが、今ふり返ると「行動させて、自分の背中を見せ、覚えさせる」というアメリカ式の鍛え方は、特に私のような内気な人間を成長させるうえでもっとも適したトレーニング法だったのだな、と思います。

## 人との接し方を工夫するにつれてみるみる業績アップ！

ただ、こうした気づきだけで、人と話すのが苦手だった私がたちまちバリバリ営業できるようになったわけでは決してありません。

その後も長い間、お客さんと会っても9割はネガティブな結果に終わるような状況が続いていました。バカにされ、ミスをつっ込まれ、いくら説明しても理解してもらえない……。

「前にいた銀行では優秀な人材として育成プログラムに参加したこともある自分が、なんでこんな奴《やつ》からバカにされたり、不愉快な思いをさせられたりしなければならないのか」

そんな身もふたもない理由で腹を立てたこともあります。

でも、テディをはじめ優秀な先輩たちの活躍ぶりを目にするたびに、相手に喜びを与え、「ありがとう」と言ってもらえる営業の仕事が何よりかっこよく、やりがいのあるものに思えてきたのです。

どうすれば、自分にもそんな営業ができるのか——試行錯誤の日々が始まりました。

**営業先で特に致命的だったのは、「相手ときちんと目が合わせられないこと」でした。**欧米のビジネスの世界では、視線をそらすことなく相手の目を正面から見つめることで、初めて自信とパワーの持ち主だと証明されます。

そこで、最初は目ではなく相手の「おでこ」や「鼻の頭」を見ることから始めました。じかに視線が合ってしまうと、顔がまっ赤になってしまうので、微妙に視線をずらしたわけです。

それでもどうしても緊張が解けないときは、やむを得ず想像の中で相手の顔をぬいぐるみや果物に変えて気をまぎらしながら話すようにしました。

**最初はつらいことばかりでしたが、その中で営業がうまく結果につながる機会が増え始め、次第に「NO」が「YES」に変わる瞬間が快感に変わっていきました。**

あれほど気乗りしない様子だった相手の表情が、少しずつ明るくなり、最後に「ありがとう」と言ってくれる——そのひとことで、すべてのつらさ、苦労が吹き飛ぶようでした。

そんなふうにトライアンドエラーを重ねるうちに、私は少しずつ営業の仕事のコツをつかんでいったのです。

転職してから1年がたつころには、「優秀社員」として数々の社内賞を獲得することになります。**そして2007年、ついに、バンカメ史上最年少にして**

**全米No．1のセールスを獲得し、ヴァイスプレジデントに就任することができたのです。**

# 「全米No．1」をもたらしたシンプルにして最強の「気くばり」

「全米No．1」に至るまでに私が駆使した営業スタイルの肝は、シンプルにいえば**「相手をとことん気持ちよくさせる」**のひとことに尽きます。

**ただ、そのプロセスにおいて、コミュニケーション下手だった自分だからこそ身につけられた「気くばり」の工夫が随所に生かされています。**そのポイントを、これから6章にわたって、それぞれのキーワードを軸にお伝えしていきたいと思います。

「最強の気くばり」の最初のキーワードは**「人を選ばない」**こと。

人はどうしても「おいしい話」「おいしいところ」に集まりがちです。そのほうが、効率がいいと考えるからです。でも、おいしいところには人が集まりやすいため、当然、競争も激しくなります。

最初から熾烈《しれつ》な競争を勝ち抜く自信や覚悟があれば、別に気にしなくて済む話ですが、私のように難を抱える人間がそうした場所に出かけていっても、なかなか勝ち目はありません。

そこで私が取った戦略が、ふだんからできる限りフラットな姿勢を貫くことでした。

**謙虚な姿勢を貫くことはもちろん、人づきあいにおいても、相手の人柄やお互いの相性を先入観で決めつけず、まずは1対1で正面から向き合う。**

あるいは、人が行かないところにもできるだけ足を運び、人がやりたがらないことをすすんでやり、いつも腰を低くして、物事と向き合う。

この姿勢がいかに大切かを肌で感じた、バンカー時代のある思い出深いエピソードがあります。

# 「人を選ばない」姿勢が決定的なチャンスを生む

バンカメに転職し、営業の仕事を始めた当初、私はどうやって新規のお客さんを獲得するかに頭を悩ませていました。

営業成績に直結する数字を取りたければ、富裕層のいわゆる「お金持ち」のお客さんに正面きってアタックするのがいちばん手っとり早い方法です。大口の案件が1件決まるだけでも大きな数字になります。

**ですから、周りの営業部員たちもみな、お金を持っていそうな人、お金があるお客さんばかりを積極的に選んで活動していました。**

たとえばものすごく高そうなスーツを着ていたり、秘書を連れてきたりするような「お金のにおい」に敏感に吸い寄せられていくのです。

私も最初はそうでした。後れを取るまいと、一生懸命お金持ちに近づいていったものです。

でも、じきにそのやり方では限界があることに気づきました。なぜなら、死に物ぐるいで富裕層のお客さんとお近づきになっても、その人が資産家であればあるほど、自分のレベルでは対応しきれず、結果的に先輩や上司が出ていくことになり、お客さんを取られてしまうからです。それでは自分が動いたかいがありません。

**どうすればこの袋小路から抜け出せるか、悩んでいたある日、用あって上司のデスクに行くと、そばに融資の決済が「不可」になった書類が山積みになっていました。**

上司がどういうお客さんをNGにしているのか参考にしようと、思い切って「その書類、ちょっとお借りしてもよろしいですか?」と尋ねました。

ふつう、自分の顧客リストは部下であっても決して見せることはしません。特に競争社会のアメリカでは、上司と部下もライバル関係にあるため、自分のお客さんの情報は絶対に明かさないのです。

でも「融資不可」のお客さんは別でした。そういう人はそもそもバンカメのお客さんとして適さないため、リストはゴミ同然と思ったのでしょうか。「別にいいいよ」と、上司は簡単に書類を渡してくれました。

自分のデスクに戻ってパラパラとリストをめくってみて、私は驚きました。**なぜなら、ゴミどころか、意外なほど「いいお客さん」がたくさん含まれていたからです。**メガバンクではこういうところを見逃すのかと、不思議な感動さえ覚えました。

## ほんとうの宝物は「人が行かない場所」に埋まっている

というのも、前に中規模の銀行にいたころ、私は融資の相談に来るお客さんの審査を務めた経験があったからです。当時の勤め先のような銀行には、メガバンクで融資を断られたお客さんがやってきます。

そうした人たちを相手に、メガバンクより高いレートで貸し付けし、利ざやを稼ぐわけです。銀行側からすると、よりリスクの高いお客さんがやってくることになるため、その分審査も細かいところまで綿密に行います。

私はそういう審査の業務を経験していたので、どこをどうチェックすればいいかを熟知していました。

個人資産がなかったり、信用度が低かったりしても、家を担保にできるとか、将来入ってくるお金が期待できるとか、本業の業績が好調だとか……**メガバンクでは面倒がって避けるような判断基準を細かく当てはめながら見ていくと、十分に信用が置けて融資可能なお客さんも出てきます。**

その基準で洗い直してみたところ、上司から借りたゴミの山は、私にとってはまさに〝宝の山〟でした。

私は上司のところに戻ってこう言いました。

「もしよかったら、このお客さんたちにアプローチしたいのですが、いいでしょうか？　責任は私が取りますから」

上司は意外なほどすんなりとOKしてくれました。

「もし焦げつきが出ても、おまえの責任だし、最悪おまえのクビが飛ぶだけだから、俺はかまわないよ」と関心も薄かったのでしょう。「しめた」とばかり、私はさっそくアプローチを開始しました。

その結果――お客さんたちがみな、大喜びしたのはいうまでもありません。

「当行ではあなたの融資はお引き受けできません」と門前払いを食った1週間後に、同じバンカメの別の人間から「もしかしたら融資が可能になるかもしれませんので、銀行に来ていただけますか」と連絡があるわけです。

通常、誰の目にも信用度が高く映る「いいお客さん」ほど、みんなからのアプローチが集まるので、競争率が高く、こちらへの要求もシビアです。

一方、一度メガバンクから拒否されながら、私の審査基準をクリアして連絡を受けたお客さんは、手放しで歓迎してくれ、私にとっては営業がやりやすいという大きなアドバンテージもありました。

**人が行こうとしない場所にこそ、ほんとうの宝物が埋まっているのだと、強く実感した経験でした。**

# 「銀行マンらしくない」と言われることが最高のほめ言葉

**上司が〝捨てた〟お客さんを丹念に拾っていったところ、最終的に「不可」になっていた案件のおよそ半分近くを「可」に見直すことができました。**

もちろん、その分調査は徹底して行いました。自宅も訪ね、家族の様子もチェックしました。

ローンの世界では、「銀行員を自宅に入れたがらないお客さんはリスクが高い」とよく言われます。そういう人は、おうおうにしてプライベートをオープンにできない後ろ暗い理由があるからでしょう。

私は親身になって彼らと向き合い、話し、家を訪ね、資産運用や経営の個人的な相談にも乗りました。

「融資とは永遠の結婚」という言葉があるくらい、貸した側の責任は重大だということを、あらためてかみしめたのもこのときです。

「バンカーといえば、冷淡で、上から目線で、偉そうな態度を取る」――そんな先入観があったお客さんたちの目には、私はおよそ銀行マンらしからぬ、気前のいい人間に映ったのでしょう。「あなたはほんとうにバンカーなの？(Are you really a banker?)」とよく聞かれました。

私にとって、これは何よりのほめ言葉です。

**一度融資を断られたお客さんが、私と出会ったことで融資が実行され、経営を建て直すことができたときには、喜びで胸がいっぱいになりました。**

その後、バンカメを離れて10年以上たちますが、今でもニューヨークの自分が担当していたエリアに行くと、「ヘイ、レオ！」と声がかかります。「おまえどうしてる？」「元気か？」と。通りを歩けば、まるで古くからの親友のように肩を組んだり、握手を求めたりしてきてくれるのです。

**そして驚くべきことに、私が融資を実行した案件の中に、これまで焦げつきはひとつも出ていません。**それだけ、条件を整えさえすれば、切り捨てずに済む人がたくさんいたということです。

**こうして融資残高を増やしていった結果、私は営業において誰よりも優れた成績をおさめることができました。**

そして私自身にとっては、数字上の成績や仕事上の評価以上に、そこにたどりつく過程で築いたお客さんたちとの信頼関係という、何よりもかけがえのない〝宝物〟を手に入れたわけです。

## 「1万円のお客さん」と「1億円のお客さん」、大事にするのはどっち？

当時、私が営業に力を入れていたのは、どちらかというと投資よりも融資でした。

投資というのは人が預けたお金を転がして「もっと稼がせてあげるよ」というビジネス。これは、早い話がギャンブルです。お客さんが損をしても、銀行は手数料が稼げるので、リスクがありません。だからほかの行員たちはみな投資の商品を積極的にすすめました。

一方、私は投資をあまりすすめませんでした。「これだけお金があるので、投資を考えているんだけど」というお客さんが来たときでも、ほかのバンカーのようにニコニコ顔で幾種類もの投資商品を提案することはせず、**なぜお金を増やしたいのか、相手の話に慎重に耳を傾けることから始めた**のです。

すると、将来に備えて事業をもっと拡大するためとか、子どもの学費に備えたいとか、家を買いたいなどといった、個別の理由がわかりました。

そして、そういう理由であれば、リスクのある投資商品にお金を投入するのではなく、堅実に貯蓄するか、自己資金を担保に融資を受け、未来のチャンスを広げるようにアドバイスをしました。**つまり、「相手にとってほんとうにためになることは何か」を第一に考えるようにしたわけです。**

目先の売上だけ考えると、お客さんに投資の商品をすすめたほうが楽だし、自分の数字も稼げます。でも、投資はリスクがありますから、もしうまくいかなくなったとき、私とお客さんとの関係は完全に切れてしまいます。それでは長い目で見ると、大損です。

**私が融資を通してやりたかったのは、相手の未来を一緒につくっていくことでした。**そのために、「あの人に頼めば、何でも相談に乗ってくれるよ」という口コミの輪を広げること、そしてより多くの人の役に立つことで、結果的にたくさんの人が自分にお金の管理を託してくれる関係を求めていたのだと思います。

**だからたとえ相手が1万円しか貯金がない人でも、1億円の貯金がある人でも、私にとっては同じ「お客さん」でした。**相手が何か困っていることがあって、銀行に相談に来た以上は、真摯に向き合ってできることを探すのが、バンカーとしての使命だと考えたからです。

人を選ぶことなく、誰に対しても同じように謙虚に、真摯に接する。そうすれば必ずそれが広まり、仕事にもよりよい影響を還元してくれるはずだ――そうした予感が、いつしか確信に変わっていきました。

# 自分を成長させたければ、「人気のある人」のもとへは行くな

人はえてして、「権力者」や「人気者」と関係をつくりたがります。力がある人たちとのコネをつくっておくと、何かおいしい思いができると考えるのかもしれません。

でも、ほんとうはその逆だというのが、私がこれまでの経験から導き出した結論です。

**人気があって、みんなが集まるような人は誰もがペコペコするので、おだてられるのに慣れっこになっています。**だから、こちらが尽くしても相手になかなか価値を見出《みいだ》してもらえず、感謝もされにくい……。それどころか、尽くし方が足りないと「なんだ、あいつは。生意気だ」とマイナス評価を受けることさえあります。

**一方、「人気のない人」のところに行くと、ちょっとしたことでとても感謝されます。**

同じ労力を使うのなら、ものすごく感謝されたほうが絶対得です。また、世の中全体を見渡せば、人気がある人より、注目されない人のほうが圧倒的多数ですから、その分チャンスもたくさんあります。

私は銀行に勤めていたころ、みんなから慕われるいちばん人気の先輩や上司には自分からは近づかないようにしていました。たくさんいる取り巻きのひとりになっても、それほど意味がないと思ったからです。

**相手から何か便宜を得ようと思ったら、「いちばんの相手」を選ぶのではなく、自分が「相手にとってのいちばん」になる必要があります。**極端な言い方をすれば、「もっともかわいがられている〝子分〟のもとに、もっともおいしいおこぼれがやってくる」わけです。

ところがそこで、3番手、4番手……あるいは20番手くらいの立場にいたとしたら、いったいいつまで待てば「おこぼれ」のチャンスがめぐってくるでしょうか。たくさんの取り巻きがいる中で、私のようにシャイな人間ならなおさら「いちばん」の座を狙うのは至難の業です。

だから私は、むしろみんなが寄っていかないような先輩や上司と、積極的に接していました。人が避けるような人と関わることにこそ、大きなチャンスがあると思ったからです。

もちろん、そういう人の中には性格に多少難があったり、面倒くさいところがあったりする人もいます。**でも「どんな人間にも、いいところが必ずある」という視点で見ていくと、必ず長所が発見できるものです。**そこは自分のチャレンジでもありました。

実際、銀行にいた時期、そうした姿勢で人づきあいを続けたところ、人事異動などで、思いもよらぬ人から取り立ててもらえるチャンスに恵まれました。同僚から「あんな面倒なボスの下についちゃって、大変だね」と言われていた上司が出世したとき、直属の部下として引き抜いてもらったこともあります。

どんな上司でも、その人にとって「Ｎｏ．１の手下」になれば、それなりにチャンスがやってきます。人気者の上司の下で20番目の手下でいるより、ずっと好待遇が受けられるのです。

**それに、そもそも人は順境より逆境のほうが成長できます。だからこそ、選択肢がいくつか目の前にあったら、まずは「より人気がないほう」「人が行かないほう」に行ってみることをおすすめします。**

そうした小さな姿勢の違いが、やがて自分の成長速度に大きく影響してくるのです。

## 運動の苦手な〝ガリ勉くん〟をサッカー部に招き入れた理由

思い返せば、私は社会人になるよりもずっと前から「人を選ぶ」ことはせず、ある種「異質な人間」を積極的に仲間に引き入れることを実践していました。

私自身、友人があまりいない異質な存在だったので、同質ではない人間に対する抵抗がほとんどなかったのでしょう。

**結果的に、異質な人間をどんどん取り入れることによって、その人が異質な世界とのパイプ役になり、組織が活性化するという経験を何度も味わうことができました。**

深く記憶に残っているのが、高校時代のサッカー活動です。

私は学校では友人がほとんどいませんでしたが、サッカーのコミュニティではみんなから一目置かれる存在でした。というのも、唯一自分を輝かせられる場だったサッカーだけは、誰よりも熱心に練習し、高いスキルを身につけていたからです。

そのおかげで、私はサッカーでだけは中心的な存在になることができました。私がいた高校は州大会を勝ち上がって、全米大会に出場するほどの実力をそなえていました。有力選手だった私にはそれなりの発言権もあったのです。

**高校2年生のとき、私は運動の苦手な、ある「ガリ勉」の同級生をサッカーチームに誘い入れました。**

「え〜、なんであんな奴を入れるの？」

周りからはそうつっ込まれましたが、逆に「なんで呼んじゃいけないの？」と切り返して、チームに入れてしまったのです。

なぜ運動神経抜群の子ではなく〝ガリ勉くん〟だったのかというと、ちょっと変わった子がいたほうがチーム全体が強くなると、直感的に思ったからです。

〝ガリ勉くん〟は私と同じように友達があまりおらず、クラスメートからいじめられることもありました。

「Aくん、勉強ばっかりしてても面白くないだろう？　サッカーチームに入って、体を動かしたらどうだい？」

私が誘うと、当然ですが〝ガリ勉くん〟は拒否します。

「えー。いやだよ。だってボールなんてもう何年も蹴ってないし……運動神経だって自信ないしさ」

「別に試合に出ろって言ってるわけじゃないんだよ。練習だけ来ればいいさ。ちょっと一緒に汗流そうよ。きっと楽しいと思うよ」

# 異質なもの同士の「つながり」が組織を活性化させる

そんなわけで〝ガリ勉くん〟は私の半ば強引な誘いによってチームに入ったのですが、**その結果、チームの雰囲気に少しずつ変化が起き始めました。**

まったくのサッカー初心者だった彼は、ルールの知識や技術をほとんど持ち合わせていません。けれども、だからこそ、目の前のボールを必死で追いかけ、無我夢中でプレーに臨みます。

最初こそ自分とレベルのかけ離れたプレーヤーの加入にとまどっていた周りのメンバーたちも、純粋にサッカーと向き合い、体を動かすことを楽しむ彼の姿に、次第に影響されていきました。

特に、テクニックや要領のよさばかりを追求するあまり伸び悩んでいた中級レベルの選手たちが、初心にかえってしっかりと足を使って動くようになったのです。

結果的に、チーム全体の士気があがっていきました。それまで練習中はほとんど起きることのなかった笑いも起きるようになり、チームの雰囲気や連携が向上していきました。

**同質の人間だけで組織を構成していると、結束力は強くなるかもしれませんが、刺激が生まれません。新しい情報や感性にも触れないので、組織が行き詰まって「のびしろ」が失われてしまう危険性があります。**

でも、このとき〝ガリ勉くん〟というまったく異質な存在を入れたことで、チームの空気は明らかに変わりました。彼自身も体を動かす楽しさを知り、私を含むもともとのチームメンバーも〝ガリ勉くん〟を通じて、本来のサッカーの楽しみ方やスキルの磨き方を再発見できました。

このように、せっかく人が集まってグループを構成していながら、同じような人たちだけに限ってしまうと、グループの意義がだんだんと失われていきます。異なるグループ同士がつながりあって、ネットワークが広がっていくことで切磋琢磨《せっさたくま》し、刺激や成長が生まれるわけです。

**またそのとき、グループとグループをつなぐ〝ハブ的〟役割をになう人間の存在が特に重要です。**

私が〝ガリ勉くん〟とサッカーのチームメンバーを引き合わせたように、点と点のつなぎ手としての役割を果たしていると、「あのとき、あいつとつないでくれたのはレオだった。レオがいなければ、僕たちの出会いもなかった」と、自分に対する評価があがるからです。

「つなぎ手」として、なくてはならない存在になるには、まず、異質なものに抵抗感を持たない、フラットな視点がとても大事なのです。

## 一度つながった「縁」は、自分からは絶対に切らない

**あらゆるチャンスや幸運、可能性はすべて「人」を介してやってきます。**

あれほどシャイで社会性に欠けていた私が今日の自分にまでたどりつけたのも、すべて人のおかげ。どんな相手でも「人を選ばず」に、公平に、大切に接してきたからこそ、今の私があると断言できます。

**だから私は、基本的に自分から「人を切る」ことはしません。なぜなら人こそが私の〝生命線〟だと思っているからです。**

すごく嫌いな相手でも、あるいは相手からすごく嫌われていても、自分から連絡を取らなくなることはまずありません。**今現在は嫌いでも、将来は仲良くなるかもしれない――その可能性をつぶすほうがもったいないからです。**

こんなことがありました。

あるとき、ふとしたきっかけからメールのやりとりをするようになった、関西方面に住む女性がいました。

たまたま私の父が京都の清水寺の水を買って飲み始めたところ、体調がいいと言うので、その女性に伝えたところ、彼女から「それなら今度東京に行く用事があるので、清水寺のお水を持っていきましょう」という返事が来ました。

それまで彼女とは直接会ったこともなく、顔も知りませんでした。でもメールのやりとりだけは続いていたので、「じゃあ、そのときお茶でも飲みましょう」と約束して、会う日を決めたのです。

ところが当日になって、私の大事なお客さんのアポが入ってしまい、やむを得ず彼女との約束をドタキャンしてしまいました。

**当然、彼女はカンカンです。ほんとうに申し訳ないことをしてしまったと、何度も謝りの連絡を入れたのですが、すごく怒ったメールが来たのを最後に、私のメールにはいっさい返事が来なくなりました。**

それでも、私は根気強く彼女にメールを出し続けました。頻繁に送ると、さすがにストーカーまがいになってしまうと思ったので、年に2、3回くらい、季節のあいさつ程度に「いかがお過ごしですか？」みたいなメールを、ほかの人に送るついでのようなタイミングで送ったのです。

そしてあるとき、それまでいっさい返事のなかった彼女から、ひょっこりとメールが返ってきました。一方的な「季節のあいさつメール」を送り始めてから、なんと、7年がたってからのことです。

どうやら私のことはすっかり忘れていたらしく、「すみません。どなたですか？」みたいな文面でした。私があらためて名乗ると「すみません。まったく覚えていません」という返事。それから何度か私からメールを送るうちに、事務的ながら、返信が毎回戻ってくるようになりました。

そんなやりとりがしばらく続いたころ、私はふと彼女を自分が主宰するNPO法人の講座に誘ってみました。すると興味を持ってくれて、その講座で私たちは初めて対面することになったのです。

**不思議なもので、そのあとの懇親会ですっかり意気投合し、何を隠そう、現在、彼女は私が関西で開くセミナーの責任者を務めてくれています。**

あとになって、彼女に私のメールにどんな印象を抱いていたのか尋ねてみたことがあります。すると、こんな答えが返ってきました。

「自分はずいぶん冷たい調子で事務的なメールを返していただけなのに、**レオさんは一向にめげる様子もなく、毎回ふわっとした季節のあいさつのような文**

**章と、簡単な誘いの文句を送ってくるんです。**『今度こんな講座をやるのでどうですか?』とか、『週末は何してますか?』とか、『よかったらお茶、飲みませんか?』とか。『いったいこの人、何者?』という興味がわいたのが、講座に出てみようと思ったきっかけでしたね」

——足かけおよそ8年、メールを送ることをやめずにいてほんとうによかったと思います。もし私が途中で「季節のあいさつメール」をあきらめて、彼女との縁を切っていたら、今、彼女が手伝ってくれている活動は実現していなかったわけです。

# 1000人以上の知り合いと「連絡を欠かさない」コツ

こんな経験もあって、「人との縁は、自分からは絶対に切らない」というのが私の哲学を支える軸のひとつになりました。

**今、私の連絡先リストには1000人以上のアドレスが並んでいます。**しかも、年々知り合う人の数が多くなっていくので、定期的な整理が欠かせません。

さすがに全員に同じ頻度で連絡を取るのは物理的に難しいため、**親しさの度合いに応じて、便宜的にリストを色で分けています。**

頻繁に会う人は緑色、あまり会わない人は黄色、過去に少しもめたとか、ちょっと馬が合わないという人はメモ書きをつけて、赤色で保管しています。

セミナーの案内など、一斉メールを送信するときには、色別に内容を変えて送ります。そして、一度知り合った人には、一度しか会っていなくても必ずメールをします。

**日本では「人脈」をすぐに利益につながる打算的なつながりのイメージでとらえていますが、私は「投資的」な意味合いで考えています。**

小さなつながりしかない人でも、切れずに関係を続けていれば、先ほど紹介したセミナーの責任者との縁のように、将来何かに変化するかもしれないからです。

**人とのつながり=投資とするなら、投資先である人をわざわざこちらから切**

**り捨てるのは非常にもったいないことです。**

「知り合った人すべてにメールをするのは大変ではありませんか？」と聞かれることがありますが、そんなことはありません。今は一斉送信という便利な機能もあるので、メールを送る作業をルーティン化してしまえばいいのです。

知り合ったばかりの人に、初めてメールを送るときは私もちょっと躊躇《ちゅうちょ》します。でも最初の一歩を踏み出すのをいつまでもためらっていると、ますますメールが出せなくなります。迷うくらいだったら、どんなメールでもかまわないので送ってしまったほうがムダなエネルギーを使わなくて済みます。

**実際、「この人、メールしてもいいのかな」と迷うような人ほど、メールをすると意外とあっさり返信が来て、悩んだ時間が損だったな、と思うことがしばしばあります。**

もちろん、相手から拒絶的な返事がくることもありますが、それも貴重な情報です。何もやらずにいたら、その人の本心はわからなかったのですから、そういう情報も蓄えたうえで、次の対応を考えればいいでしょう。

**「ゼロ」から「1」の行動を起こすのは、早ければ早いほどいいのです。ひとこと送るだけなら、実際のところ5秒もかからないでしょう。**

知り合ったら、すぐにメールを出す。それが達成できると、2回目、3回目は抵抗なくメールが出せるようになり、ボールが坂道を転がるように次々とアプローチし続けることができます。

とにかく大切にしてほしいのは、基本姿勢として人を選んだり、切ったりしないこと。

今仲がよくても、そのうち突然離れていくかもしれませんし、反対に今は関係が薄くても、先に挙げた女性の例のように、8年近くたって、急に距離が縮まるかもしれません。

だからこそ、私は誰に対しても公平に、区別なく、関係をつなぐことが何よりも大切だとお伝えしたいのです。

# 「用がないときでも電話をかける」ことの意外なメリット

人の縁をつなぐツールは、メールだけではありません。「声」もまた同じように重要な手段です。

**私の場合、ビジネスの相手には週1回のペースで定期的に電話をしています。**

電話も「この人は電話をしたら迷惑かな」「この人はどうしよう」などと迷っている時間がもったいないので、**あらかじめ電話をかける人のリストをつくり、Aの人からアルファベット順にかけていきます。**

月曜日は頭文字がAからEまでの人、火曜日はFからKまでの人、というように決めておくと、迷うこともありません。結果的に、かけるのは一日あたり10人くらいです。たとえば駅の乗り換えなど、移動中に時間が10分でもあれば、その間にひとことずつ、5人に電話をかけるのも難しくないでしょう。

話す内容は、だいたいの場合「やあ、元気にしてる?」とか、「久しぶり。最近どうしてるかな、と思ってさ」「急にごめんね、ちょっと声が聞きたくなったんだ」といった、たわいもないことです。

**「声を聞かせる」程度の簡単なものですが、じつはこれが大切なのです。**なぜなら、通常であれば人は「自分に困ったことが起きたとき」しか電話をしないため、相手が意識する、しないにかかわらず「あいつ、いつも自分勝手に頼みごとがあるときだけ、電話してくるんだよな」という印象を与えてしまいます。

**一方、たわいもないあいさつ程度であっても、定期的に電話をかけていれば、いざ何か頼みごとがあるときにも、相手はすんなりと受け止めてくれます。**

この「週に1回、電話をかける」ルーティンの大切さを教えてくれたのは私の母でした。

大学生になったとき、私はほとんど親と連絡を取りませんでした。お金を送ってほしいときだけ、実家に電話していたのですが、あるとき母から言われたのです。

「レオ、あなた、たまに電話してくるなら、いきなり『お金くれ』じゃなくて、ちょっとは気をつかったらどうなの？　せめて、『お母さん元気？』とか、『そっちはどう？』くらいは聞きなさいよ」

弟はそのあたりをちゃんとわきまえていて、用件があるとき以外にも、ご機嫌を伺う電話を入れていたようです。**「なるほど」と思った私は、それ以来、頼みごとがないときでも電話をこまめにするようになりました。**

銀行で営業の仕事を始めてからも、この習慣があったおかげで自然とお客さんに定期的に電話を入れ、新しい商品や情報を紹介する際にも苦労しませんでした。

ちなみに、親しい人にメールを出して、2日間返信がないときは、一度電話をかけてみることにしています。「メール、届いた？」みたいな内容ですが、それだけでも距離をぐっと近づけておくことができます。

「調子、どう？」

たかがそれだけ、といえばそれだけのことですが、その「それだけ」のやりとりをするかしないかで、あとあと人間関係の強まり方に大きな差が生まれるのです。

## 「浅い友達」が去ったときこそ、わが身をふり返るチャンス

**ある程度人間関係が構築できたと思っていたところで、なぜか突然、人が去っていくことがあります。そういうときこそ、自分をふり返る絶好のチャンスです。**

「あれ、この人、前誘ったときは来てくれたのに、最近全然来ないな。何か理由があるのかな」とか「メールをしても返事が来ないな」と気がつくときは、たいてい自分に原因があります。

たとえば自分の魅力が下がっているのか、天狗《てんぐ》になっているのか、自己中心的にふるまっているのか、いやな人間になっているのか——。

私自身、ニューヨークと東京を行き来する生活を始めて7年以上になります

が、ときどき人の反応が薄くなる時期があります。そういうときは、「いかん、いかん。謙虚さが足りていない」と自分を戒めるのです。

「大親友」と「浅い友達」がいたら、たいていの人は大親友のほうを大切にするでしょう。ただ、ほんとうに大親友であれば、連絡の間が空いても、「ま、おまえはそういう奴だから」と大目に見てくれます。けれども、浅い友達のほうはそうはいきません。

だから、私は浅い友達ほどいつも気をくばって、チェックしておくように心がけています。

**こまめにケアするリストには大切な友達ではなく、浅い友達のほうを入れておく。そしてその人たちの反応を見て、自分の立ち居振る舞いを反省する。**

浅い友達を、いわば〝リトマス紙〟のように自分の人づきあいの判断基準にしておくことで、必要なときに自分の軌道修正ができるようになるわけです。

# とにかく相手を気持ちよくさせる

MODESTY

謙虚

CHAPTER2

# 日本人以上に「日本人魂」を教え込まれた子ども時代

私は、マンハッタンのタイムズスクエアで生まれました。周辺はユダヤ人の富裕層が住む高級住宅街です。

なぜこんなところに住めたのかというと、父が若いときに渡米し、ニューヨークで不動産業を営んで成功した事業家だったからです。母も若くしてアメリカに渡り、ファッション関係の仕事につきました。

世間的に見れば、裕福な家庭だったといえるでしょう。**しかし、暮らしに余裕があったかといえばむしろその逆で、わが家のような「上の下」の階層だと、ちょっと油断すると、すぐに「中」クラスに転落してしまうリスクを抱えていました。**

そうならないため、父や母は相当がんばって仕事をしたのではないでしょうか。2人とも何のつてもないアメリカで苦労しながら地位を築いた日本人なので、アメリカ人以上に強いハートの持ち主だったと思います。その強さが子どもたちに対して、厳しすぎる態度として出てしまうこともありました。

たとえば父は、周りの人には異常に映るほどのチャレンジャーで、「日本人でハドソン川をニュージャージーまで泳いだ人間はいない」と言われると、「それじゃ、私が第1号になる」とばかりに、冬のハドソン川に飛び込んで大騒ぎになったこともあります。

生活はストイックで真面目そのもの。毎朝4時に起床、周辺を散歩してから1時間かけて日本語の新聞を読み、庭でゴルフの練習をして朝食——このパターンを、私が生まれてからの約40年間、一日として破ったところを見たことがないほど、とんでもないメンタリティの持ち主です。

**そんな真面目さと融通の利かなさを併せ持つ父から、私は徹底して日本人魂を植えつけられました。**

私と、8歳年下の弟はアメリカ生まれなので、母国語は英語です。必然的に会話は英語になるのですが、するとたちまち父の雷が落ちます。

「おまえら、日本人だろ。日本語で話せ！　日本語で！」

また、日本の伝統行事やしきたりにも厳しく、節分の豆まきやこいのぼり、七夕の笹飾《ささかざ》りなど、四季折々の行事に欠席することは許されませんでした。

わが家では豆まきの豆はどういう順番で、どちら方向から投げるかなど、ともすれば今の日本よりはるかに伝統に則《のっと》った厳格な形式で、行事を行っていたのです。

**また、アメリカの軽薄な文化に毒されてはいけないと、家にはテレビもありませんでした。**「テレビなんか見る暇があったら、本を読め！」という調子で、実際、父の書斎には床から天井まで壁一面にぎっしりと日本語の本が並んでいたのを覚えています。

**テレビがないと、学校で話題から取り残されます。実際、私は学校でも友達がいない一人ぼっちの子どもでした。**心配して小学校の先生から家に連絡が来たこともあります。

それでも父は頑としてテレビを見ることを許しませんでした。そういうところは、ほんとうに軸のぶれない、サムライのような日本人だったのです。

# お金を稼ぐ意味は「時給25円のアルバイト」から教わった

中学生だったころのある朝、まだ早い時間から父にマンハッタンの街中に連れていかれ、「仕事を探してこい」と車からおろされて、路上に置き去りにされたことがあります。

何ブロックも歩いて、いろいろな店に声をかけてはみるのですが、朝から、しかもまだ年端もいかない自分ひとりでは、どこでも断られてしまいます。夕方、父が迎えに来たときは、へとへとに疲れ果てていました。

「どうだ。金を稼ぐつらさがわかったか」

わかったかも何も、今だったら虐待といわれてもおかしくない扱いです。ただ、このように父に厳しく鍛えられたおかげで、「自分にはまだ、人にお金を払ってもらえるほどの価値はないのだ」ということが、いやというほど実感できました。

**自分の〝市場価値〟についてかなり早いタイミングから自覚できたことは、人に対して謙虚にふるまえる下地にもなったと感じています。**

高校に入ると、夏はアルバイトに明け暮れました。父が行きつけのレストランに頼み込み、アルバイトをさせてくれることになったのです。その時給がなんと、日本円にして25円……!

レストランのオーナーが「息子さんの時給は500円くらいでいいですか?」と尋ねると、父は「いや、とんでもない。こいつは仕事のスキルもないし、こちらで学ばせていただくだけの立場ですから、時給25円でいいです」と答えるではありませんか。

冗談だと思いましたが、実際、一日働いて初めて受け取ったアルバイト代は、たったの2ドル札1枚でした。「時給25円」は冗談ではなかったのです。

**もっとも私にとって、お金は目的ではありませんでした。むしろ、逆境に置**

**かれたときに、そこで何を学んで成長できるか、ということのほうがはるかに重要でした。**

父の理不尽な命令で時給25円のレストランで働く羽目になりましたが、逃げようがない分、そこから何かをつかんで帰らないと、私の夏休み自体が1円の価値もないムダなものになってしまいます。

日本語に「転んでもタダでは起きない」という言葉がありますが、当時の私も、まさにそんな気持ちで時給25円のアルバイトに臨んだのです。

## 「下手に出る」作戦でどんな不利な環境も乗り越えられる

レストランではほぼ毎日、朝から晩までお皿を下げたり、料理を運んだり、注文を聞いたりして、忙しく働きました。

同じエリアに住む裕福な家庭の子どもたちは、ふつう、こういったところでアルバイトはまずしません。ごく一部、私の父のような変わり者の子どもだけが、わざわざ移民やマイノリティの多い環境で、下働きの仕事を体験させられたのです。

当然、現場では「お金持ちのお坊ちゃんが来た」と皮肉交じりにバカにされます。**仕事を覚えることより先に、まったくのアウェイの環境の中でどうやって自分を認めてもらうかのほうに苦労しました。**

私が自分なりに考え抜いて取った作戦は

## 「とにかく下手に出る」

ということでした。

**たとえば私は、アルバイト先まで親の車で送ってもらうことができたのですが、あえてバスに乗って通いました。**職場で「おまえ、今日、何で来たの?」と聞かれたときに「バスだよ」と答えるためです。

相手は驚いて「え?　なんで?　おまえ、親の車で来れるじゃん」と言います。すかさず「いや、俺は高校に行くのも、毎日歩かされてるんだよ」と答えるのです。みんな一転して、同情の目を私に向けるようになります。それが狙いでした。

相手は私のことを「いい思いをしているお金持ちのお坊ちゃん」という先入観で見ています。自分より上の立場にいる人間だと決めつけているわけです。

そんな人間が、アルバイト先に毎日バスで通い、学校にも徒歩で行っているのだと聞くと、急に自分より下の〝かわいそうな奴《やつ》〟に見えてくるのです。よくも悪くも、人は自分より下の人間には親近感を抱き、好感を持ちます。

**要は、「人から自分がどう見えるか」を意識して、見え方をつくっていく。すると、たとえアウェイの環境であっても、周囲に受け入れてもらえるようになります。**犬やサルの集団でも、自分より弱いものが入ってくると、警戒心がゆるむといいますが、それと似ているかもしれません。

当時の私は、そのことを身をもって体験しました。特に、自分の持つ強みが大きければ大きいほど、相手より「下手」に出て、徹底的に弱みを見せることで、ずっと動きやすくなることを知ったのです。

# 相手の期待を「気持ちよく裏切る」ことで印象はよくなる

みんながやりたがらない皿洗いなどの下働きも、私はすすんでやりました。これも「下手」に出る私の作戦です。

多くの人は、お金持ちの家の子どもが「皿洗いをやれ」と言われたら、まずやらないだろうというイメージを抱いています。もともと、お金持ちかどうかにかかわらず、子どもは「皿洗いか……」とネガティブな態度を取るのが一般的ですから、なおさらです。

私はみんなから「こいつ、お金持ちだから絶対やらないだろうな」と思われているのがわかっていたので、わざと「いいっすよ」と皿洗いを引き受けて、ことさら丁寧な仕事を心がけました。相手は「あれ？　なんだ、こいつ。ふつうのお金持ちのお坊ちゃんじゃないな」と私に対して一目置くようになります。

**要は、期待がポジティブか、ネガティブかに関係なく、相手を「気持ちよく裏切る」わけです。**

そもそも、人がやりたがらない下働きをするほうがみんなから好かれやすくなります。

みんながやりたがる花形の仕事は競争率が高く、運よくゲットできたとしても、人からねたまれるリスクがあります。

一方、人がやりたがらない仕事ほど、すすんでやることで人から感謝され、お礼に何かチャンスをもらえることもあります。

**上から目線で形ばかり偉そうにするより、いつも「下手」に出て、人がやりたくないことを積極的に引き受けて行動で見せる——そのほうが、印象がずっとよくなるのです。**

ただ、ひとつ注意してほしいのは、あまりに下働きをやりすぎると、上からの覚えがよくなる反面、かえって仲間の機嫌を損ねる恐れが出てくることです。

私の場合も、店長が厨房《ちゅうぼう》にやってきて「なんだ、おまえら。新人のほうが皿洗いがうまいじゃないか」と私をほめたことがありました。

当然、前からいるアルバイトの先輩は気分がよくありません。そういうときは、すかさず自分の弱みを見せてフォローすることを心がけました。

「皿洗いはうまくなったけど、僕は筋肉がないので、カートが運べないいんだ。うまい運び方、教えてよ」

**このように、「自分にできなくて、相手ができること」で力を貸してもらうわけです。**そうやって、いつも自分を相手の「下」に置いておけば、どんなにアウェイの環境であっても、順応して乗り越えていくことができます。

# 一流の人ほど「謙虚な人」の存在を見逃さない

高校時代のアルバイトで会得した、人より「下手」に出る方法は、以後、私の処世術になりました。

自分の人生をふり返ってみても、腰を低くしていて失敗したことはほとんどありません。失敗したケースの大半は、偉そうに上から目線で行ってしまったときです。

**下から目線で行くと、ときどきつけ上がってバカにしてくる人がいますが、そういう人は放っておいてかまいません。**

**一流の人ほど、「下手」に出ている存在に必ず気づいて、きちんと評価してくれるからです。**

たとえば私は、レストランやパーティでお茶を飲むときに、相手のカップの向きが持ち手と反対側になっていると、さりげなく動かして位置を正すことがあります。右利きの人であれば、右手でスムーズにカップが持てるように、持ち手の位置を右向きに変えるのです。

「そんなことはウェイターに任せればいい」と言う人もいますし、本来、私がやる必要はありません。でも、「いつも相手を気持ちよくさせたい」という一心で、カップの向きという小さなことであっても——むしろ、小さなことだからこそ――相手に気づかれないようにそっと直すことにしているのです。

するとときどき、私の行動をまったく関係のない、遠くの席から見ている人がいます。「おぬし、やるな」という感じでしょうか。そういう人は多くの場合、特定の分野で成功をおさめている一流の人間です。

通常は誰も私の小さな行動に気づきませんが、ごく一部の、一流の人に限って見逃しません。日本語の「お天道さまが見ている」状況に近いといえます。

**このように、常日頃から「下手」に出る心がけをたやさず、人がやりたがらない仕事をすすんで引き受けていると、一流の人から評価されます。**

中高生時代、私がサッカーチームに属していたとき、グラウンドの整備や会場の設営、そのほかこまごましたことを面倒がらず積極的に引き受けてくれていたのは、意外にも一流のお金持ちの親たちでした。

「能ある鷹《たか》は爪を隠す」とは、子どものころから父によく聞かされてきた言葉ですが、**一流の人間ほど、自分の「爪」は見せません。強い爪を持っている自信と余裕があるからこそ、わざわざ偉そうにふるまって、自慢する必要がない**

**のです。**

最強の鷹はいつも謙虚です。「自分を偉く見せたい」「相手より上に立ちたい」という思いをあらわにする人を見かけたり、私自身の心の内に忍び寄るのを感じたりするたびに、このことを戒めとして自分に言い聞かせています。

# イケメンの友人に教わった「失敗」を「面白い」に変える方法

人はとかく学歴や経歴、地位などのスペックで自分をアピールしたがります。

とりわけ日本では、名刺の肩書が重視される傾向が強いようですが、実際のところ、それは特定の狭い世界だけで通用するガラパゴス的な価値観です。

多様な国籍、人種、バックグラウンドを持つ人たちで構成される世界では、そういうものはまったく意味をなしません。**その人がどんな肩書を持っているかではなく、自分に対して「何をしてくれるのか」が重要だからです。**

## 気くばりとは、まさに相手に「何をしてあげられるか」だといってもいいでしょう。その意味では気くばりとは「何をするのか」＝「行動」そのものです。

ある場面に遭遇したとき、その人が「何者か」ではなく、「何をするのか」「何をしてくれるのか」によって、評価がまったく違うということを覚えておいて損はないでしょう。

私自身、そのことをはっきりと自覚したのは、大学時代に経験したある出来事でした。

私の中高生時代からの友人に、イケメンで有名な男がいました。彼は勉強もできましたし、運動神経も抜群でした。そのうえイケメンですから、スペック的には申し分ありません。当然女子にも男子にもモテモテの人気者でした。

「天は二物を与えずって、うそっぱちだよな。あんなに何でもそろっていたら、モテるのが当然だよ」

そんなふうに、私は彼をうらやましく思っていました。ただ同時に、彼のモテ方はスペックだけではないとも感じていました。

というのも、彼くらいのイケメンはほかにもいたのに、彼の人気ぶりは群を抜いていたからです。

お互いに大学生になったある日、夏休みで帰省して久しぶりに顔を合わせた機会に、私は思い切って彼に聞いてみました。

「なんでおまえはそんなに人気者になれるんだ?」

彼は魅力的な微笑《ほほえ》みを顔に浮かべて、こんなことを言いました。

「じゃあさ、レオ、そこの透明なガラスのドアにぶつかったとするよね? おまえだったらどんな行動を取る?」

私は想像してみました。そこは人通りの多い場所です。もし自分がうっかり透明なガラスドアにぶつかったとしたら、どうするでしょう。

多分、「いたた……」と小さな声で頭を押さえ立ち上がり、人目を気にしながらそそくさとその場を立ち去るか、あるいは「すみません、すみません」と謝りながら、身を小さくして、係の人がやってくるのを待つでしょう。

人前で失態を見せて恥をかきたくないと思うからです。彼にそう伝えると、彼は「そこが俺とおまえの違いなんだよ」とはっきり言い切りました。
「俺はさ、ガラスにぶつかったとわかった瞬間、わざと大げさに吹っ飛んでみせるんだ。周りの人の笑いを取るために、マンガみたいに、過激に吹っ飛んでみせる。**そうやって恥を笑いに変えてしまうと、みんなから『面白い奴』『かわいい奴』と思ってもらえるんだよね。人を喜ばすために行動すれば、恥が恥じゃなくなるのさ**」

なるほど、と私は思いました。今まで自分はなんて小さな世界で縮こまっていたんだろう、と反省もしました。

**恥は誰でもかくもの。その恥を恥ずかしいと思ってコソコソするからよけい恥ずかしくなります。恥をかいたら、彼のように堂々と笑いに変えてしまえばいい。そうすれば、逆に人から愛されます。**

ちょっとした行動の違い、リアクションの違いによって、大恥をかくか、みんなから愛されるか、結果はまったく変わるのだということに、彼のひとことで気づかされました。

それ以来、「恥ずかしくてもいい。失敗してもいい。とにかく人が喜んでくれるなら、そのほうを選ぼう」と吹っ切れるようになりました。

自分が「何者であるか」という自意識や世間体や肩書にこだわっていると、知らず知らずのうちに行動が制限されます。

それより、〝恥も外聞も捨てて〟人を喜ばせる行動を思い切りやってみる。そうすると、愛される人間になれるのです。それも、「相手を気持ちよくさせる」気くばりのひとつだといえるでしょう。

# どんな相手とでも距離を縮められる「3つのステップ」

人間関係というのは、オープンにふるまっているほうがより大きなチャンスが得られます。

大富豪の中には、限られた一部の人以外とはつきあわない、という偏屈な人もいますが、それはすでに大金を得ているなどして、新しい関係をそれほど必要としない場合に限られます。でも、まだ大富豪にもなっていない私たちは、新しい出会いを上手に見つけていくことが重要です。

とはいっても、私を含め、人づきあいが苦手な人間からすると、「新しい出会いを見つける」ことほど、面倒で恐ろしくて困難なことはありません。

**そこで、シャイな人はシャイな人なりに、オープンな人間関係を築けるようになるためのコツを、いくつも考えては試してきました。**

その中で、私がふだんから特によく活用している便利な方法が3つあります。

まずひとつ目のステップが**「アイコンタクト」**です。

**相手の目をしっかり見て、「私はあなたと向き合っています」と態度表明するのです。**目をそらしていると、相手は無視されているように感じますから、もし視線をダイレクトに合わせるのが恥ずかしかったら、銀行営業の仕事を始めたばかりの私がやっていたように、おでこや鼻の頭を見るところから始めてもいいでしょう。

2つ目のステップが**「あいさつ」**です。

じっと目を見ただけでは、「変な奴」「俺にガンをつけているのか」と誤解される恐れがあるので、**すばやく、はっきりとした声であいさつをします。**「こんにちは」「おつかれさまです」といった、ありきたりなものでも、実際に声に出すか出さないかで大きな違いが出ます。「私はあなたに心を開いています」というアピールです。

そして3つ目のステップが**相手の「名前を呼ぶ」**こと。

**名前はその人固有のもの。それを呼ぶという行動には、相手との距離を一気に縮める絶大な威力があります。**それまで一般的な関係だったものが、名前を呼んだとたん、1対1の親密な関係に変わるのです。

「アイコンタクト」「あいさつ」「名前を呼ぶ」。

この3ステップを踏むことで、どんな相手ともオープンで友好的な関係をつくる糸口がつかめます。

# 自分から「オープンに接する」姿勢のメリットは計り知れない

この3ステップの効果に気がついたのは高校生のときのある出来事がきっかけでした。

学校にイタリア語の女性教師がいました。私がサッカー上手だと聞きつけて、いつもひとりで昼食をとっている僕を「ランチに行かない？　サッカーの話、聞かせて」と誘ってくれたのです。

学校のそばにあるカフェに入ったのですが、彼女の見知らぬ人への対応のあまりのオープンさに衝撃を受けました。

たまたま席が隣り合っただけのおじさんとも、目線を合わせながら「チャオ！」と全力の笑顔であいさつします。「知り合い？」と聞くと、「No、全然」とあっけらかんと答えるので、シャイで用心深かった私のほうが内心

『No』じゃないだろ。変な奴だったらどうするんだ」とはらはらしました。

**それでもランチが終わるころには、隣のおじさんとファーストネームで呼び合うほどすっかりうちとけていました。**それだけでなく、周辺にいたほかのお客さんたちもまき込んで、みんなで盛り上がっているのです。

それ以来、何となく注意して観察したり話を聞いたりしていると、彼女の周りにはいつも人が集まっていて、「楽しいこと」が起きていることに気づきました。食事をご馳走《ちそう》になったり、遊びに誘われたり、人生を思い切り楽しんでいるのがわかりました。

**それまで私は、人に対して心を開くと、利用されたり、傷つけられたりすると思っていました。**だから、防御のためにいつも塀を高くしていたのです。でもその割には、実際のところ攻撃されて傷つくことが多かった気がします。

いっそのこと彼女のように塀を取っ払って、誰とでもオープンに接したほうが得をするのではないか——そう思うようになったのは、そのころからです。

とはいえ、シャイで根暗な性格がすぐに直るわけではありません。ようやく

3ステップにも慣れ、自然体でどんな人とでもうちとけられるようになったのは、バンカメに移って、営業の仕事を始めてからになります。

ただ彼女との一件から、「人間関係をつくるには、ハードルを下げてオープンに行ったほうが得するぞ」と、随所で自分に言い聞かせるようになりました。

# どうして「最寄り駅の駅員さん」全員と知り合いになれたのか？

今では私も、全然知らない人とでも「アイコンタクト」「あいさつ」「名前を呼ぶ」の3ステップで、スムーズに関係が築くことができます。

**たとえば、私は自分の住まいの最寄り駅の駅員さん全員と、「おはようございます、○○さん」「おはようございます。レオさん、いってらっしゃい」などと、お互いに名前であいさつをかわす仲になっています。**

どうしてそうなれたのかというと、初めにまず、ホームや改札にいる駅員さんにわざと「△△に行くにはどこ行きに乗ったらいいですか？」などと行き方を尋ねます。そのときに名札を見て、顔と名前を覚えるのです。

そして次に会ったときは、相手の顔を見て会釈し、「あ、〇〇さん、この間はありがとうございます。おかげで行き方がスムーズにわかって助かりました」と言います。

最初は相手も「あ、はい……」みたいな怪訝《けげん》な顔をしますが、そこから駅で顔を見かけるたびに、「〇〇さん、おはようございます」「〇〇さん、おつかれさまです」などとあいさつを続けていると、最初は引き気味だった駅員さんも、そのうち私を見て、向こうから「おはようございます」と声をかけてくれるようになります。

タイミングを見て、「僕、レオといいます。すぐそこのマンションに住んでいるんです。いつもお元気そうですね」などと自己紹介を付け加えておくと、次の日には、「レオさん、おはようございます」と名前で呼んでくれるようになるのです。

同じようにほかの駅員さんにも話しかけているうちに、気づけば駅員さん全員が私のことを「レオさん」と呼ぶようになりました。きっと仲間内で「あいつ、レオっていうらしいぜ」とうわさし合ってくれたのかもしれません。

**こうなれば、たんなる乗客、駅員の関係を超えて、1対1でお互いを認識し合えるので、何かあったときに、ちょっとした便宜をはかってもらえることもあります。**

たとえば電車が遅れているときに、「なんで遅れてるんですか？」と聞けば、「じつはこれこれこうで、こうだから、□□線で行ったほうが早いですよ」などと、丁寧に情報を教えてもらえます。

## どこへ行っても「常連以上」に待遇をよくしてもらえる理由

私がこの3ステップを使って親しくなったのは、駅員さんだけに限りません。

近所のコンビニの店員さん、郵便配達員さん、宅配便の配達員さん、警備員さんなど、誰とでも仲良くなっています。

「そんなにいろいろな人と仲良くなっても、つきあいが面倒なだけであまり意味がないのでは……」

そう考える人もいるかもしれませんが、とんでもありません。

たとえば会社のＩＤカードを忘れてしまい、建物の中に入れないときがあったとしましょう。このときもし、警備の人と名前であいさつし合う仲になっていれば、「すみません、〇〇さん、今日ＩＤカードを忘れてしまったんですが、ちょっと入れてもらえますか？」で済むでしょう。

でも、警備員さんと人間関係ができていないと、わざわざ警備室まで行って、書類を書いて、面倒な手続きをし、もどかしい思いをしながら、建物の中に入らないといけません。その違いは思っている以上に大きいものです。

また、こんなメリットもあります。

**ニューヨークにいる間、私が有名な高級ステーキハウス「ウルフギャング」や「ピーター・ルーガー」などに行くと、アジア人で、しかも40代という比較的**

**若い人間でありながら、日本から訪れるどんな会社の社長よりいい待遇を受けることができます。**

なぜかというと、私が毎日のように通う常連だからでも、毎回大勢のお客さんを連れていく金払いのいいお得意さんだからでもありません。**ただひとつ、「ウェイターさんたちと仲良くなっているから」です。**

その方法はこうです。

レストランに行ったとき、私は食べ終わったお皿やコップをウェイターさんが下げやすい場所にこまめに移したり、タイミングが合えば手で取って渡したりします。日本以上にそうした習慣が珍しい海外では、それだけでも彼らには好印象ですし、そのときにやはり、相手の名札を見て、名前も覚えるのです。

もし名札がついていなかったら、「お名前は何とおっしゃいますか？(What's your name?)」と聞きます。ふつうのお客さんはウェイターに興味など示さないので、名前を聞かれると、彼らは喜んで教えてくれます。

そのあとは、メニューの追加を頼むときなどに、ただの「ちょっと！(Hey!)」ではなく、「ビルさん、すみません！(Bill, come here!)」と、しっかり名前で呼べばいいのです。ほかのお客さんがやらない分、ウェイターさんもうれしいわけで、喜んで飛んできてくれます。

# 「これ」だけで高級レストランの最高のおもてなしを受けられる！

「ウルフギャング」に初めて行ったときには、バルコーという名前のウェイターさんと仲良くなりました。私は初日から「ヘイ、バルコー！」と名前で彼を呼びました。

ちょっとした雑談から、彼がアルバニア出身だと知ったので、次に行ったときはアルバニアという国の歴史を少しだけ予習していって、彼に話すと喜んでくれました。そしてついでに「今日は日本からのお客さんを連れてきたから、よくしてあげてね」と彼に耳打ちしたのです。

一緒に来ていた日本の取引先の人たちも、彼のとびきり丁寧な接客に喜んでくれたのはいうまでもありません。

親しくなったのはバルコーだけではありません。ふつうはただオーダーを取って戻ってくるだけのところが、バルコーと私が笑顔で会話をかわしている様子を見て、ほかのウェイターたちも注目します。

そして、バルコーがキッチンに戻ると、「あの日本人、何だって？　何、親しそうに話してたんだ？」と興味津々で聞いてきます。

バルコーはすでに私と仲良しですから、「彼が日本人のお客さんを接待してるんだってさ。面白い人だから、よくしてあげてよ」と言うわけです。するとほかのウェイターも、水やパンを持ってくる際に「お味はいかがですか？」などと、私たちに愛想よく対応してくれるというわけです。

**そんなふうにバルコーを皮切りに、同僚のウェイターさんたちと次々と仲良くなったおかげで、私が「ウルフギャング」に行くと、自然といちばんいい席に案内してもらえるようになりました。**今では「ウルフギャング」のマネージャーと連絡先の交換までしているくらいです。

私以上にお金を使う上客の人はいっぱいいるにもかかわらず、その中で明らかに〝若手〟の私が厚遇されるのは、店で働いている人たちとの間に濃い人間関係が築けているからにほかなりません。

**そこに至るまでに私が心がけたことといえば、目を見て、あいさつの声をかけ、名前で呼ぶという、簡単な3ステップを行動に移しただけ。**このように、有名レストランで厚遇される常連客になるにしても、特別なお金をかける必要はないのです。

**余談になりますが、レストランで初めて見かけた「シェフのおすすめ料理」は、私は必ず注文するようにしています。**「おすすめ料理」は、言葉通り彼らの自信作。それを注文して、きちんと賞賛の言葉を届けてあげるわけです。

「すごくおいしかったです。シェフにお礼が言いたいので、会わせてくださ い」と頼み、シェフに直接感想を伝えます。シェフに会えないときは名刺をもらって、後日、「おいしかった」と伝えます。

あるいは、スタッフの誰かが印象的ですばらしいおもてなしをしてくれたときは、その場で直接感謝の気持ちを伝えつつ、帰ってからお店のホームページの問い合わせフォームなどを通じて「先日そちらにお伺いした際、スタッフの○○さんには非常によくしていただき、感激しました。ぜひまたお伺いしたいです」とメールを送ることもあります。

こうすると、レストランが私のことをしっかりと覚えてくれるだけでなく、○○さんも自分の職場からの評価がアップし、ますます仕事に身が入るようになるでしょう。

そうすれば、お店、○○さん、私、私が連れていくお客さん……と、関わる人たち全員が、さらに気持ちいい時間を過ごせるチャンスが増えるわけです。

**「シンプルだけど誰もやらない、ちょっとしたこと」を行動に移して相手を気持ちよくさせるだけで、こうして新たな関係の輪が広がっていきます。**

# 目で見て、察する

# WATCH

観察

CHAPTER3

# 人と話すのが苦手でもできるコミュニケーション上達の秘策

私は小さいときから、「目」を使って、周囲をよく観察する人間でした。考えられる理由のひとつが、私の祖父が病気で視力をほぼ持たない人だったから、というものです。

小さいときから「おじいさんは目が見えなかったのに、こんなにがんばったんだぞ」と父に繰り返し聞かされて育ったので、見えることのありがたさを自覚する場面が人一倍多かったのでしょう。

そのせいか、「レオさんは視力が異常にいい」とよく言われます。たとえばサッカー観戦をしていても、ゴールが決まる前に「あ、3秒後にゴールが決まるな」といったことが、直感的にわかります。人の動きをすばやく目で追えるので、展開が読めるのです。

サッカーを練習している最中、コーチが「ストップ」と声をかけて「目をつぶりなさい」と言ったときも、誰がどこにいるか、ボールがどこにあるか、だいたい言い当てることができました。

こうした動体視力や観察眼には自信があったので、たいていのことは見逃しません。中高生時代も、気づくと周囲の人を注意深く観察していました。**シャイで人と目が合わせられないくせに、人に気づかれないようにしっかりと「見る」ことは欠かさなかったのです。**

私が特に注意して見ていたのが、コミュニケーションの上手な人でした。

たとえば、どこかお店に入るなり「やあ、デイビッド！」みたいな感じで、見知らぬ相手とでもフランクに仲良くなれる人がいると、「この人はなんでこんなに気さくに話しかけられるんだろう」と、離れた場所からでも目をこらして観察していました。

言葉を話す前の子どもは、大人の会話を耳で聞いて言葉を頭の中に蓄えるといいます。蓄えた言葉が満杯になったとき、あふれ出すように言葉を話し始めるそうです。

**私の場合も、人がスムーズにコミュニケーションするやり方を子どものころから目でずっと見てきて、そのシーンを蓄えてきたのがよかったのかもしれません。**

おかげで、営業の仕事を始めたときにも「そういえば、こういうときはこうすればいいのだ」というノウハウとしてよみがえり、実践に生かせる場面が幾度となくありました。

シャイだったからこそ、上手なコミュニケーションをいつも目で追い、インプットしていたことが役立ったというわけです。

**コミュニケーションが苦手な人がいきなり人に話しかけるのはハードルが高いかもしれませんが、上手な人のふるまいを観察するだけなら今日からでもできるでしょう。**

〝目を肥やす〟という言い方の通り、まず目でモデルとなる人のやり方を見て、シーンをインプットしておくことが大事だと思います。

# 「一流のほめ方」と「二流以下のほめ方」はここが違う

一流の人たちのそばにいると、概していえるのは、雰囲気が穏やかで、周りにいる人たちがとても気持ちよく過ごせるということです。**「金持ち、けんかせず」とよくいわれますが、一流になればなるほど、人を不愉快にさせる場面が少ないように感じます。**

それは、彼らが見えないところでさりげない「気くばり」をしているからにほかならないでしょう。**気持ちよく過ごせる場所には、人も情報も自然と集まってきます。チャンスに恵まれるというわけです。**

これが二流、三流の人になると、あからさまに自慢したり、強がってみせたりして、人を不愉快な気持ちにさせます。自分より立場が下の人をどなりつけたり、ちょっとしたことでトラブルを起こしたりするのも同様です。

要するに、相手に対する配慮が行き届かず、周りが不快に思っていても気がつかない。一流の人と、二流以下の人のいちばん大きな違いはそこにあります。

**仕事の場面でそうした違いが出やすいのが、「人のほめ方」です。**

一流の人はきちんと相手の名前を言って、「○○さん、あなたがあそこでお客さんにこうしてあげたことがとてもよかったよ」と具体的に指摘します。しかも、その場ですぐに、です。

ほめられたほうは、まだ記憶も実感も新鮮なうちに言われるので、喜びも大きく、「またがんばろう！」と前向きな気持ちになります。

しかし二流、三流の人は「よかったよ（Good job!）」などと、アバウトなほめ方しかしません。それも、しばらく時間がたってから思い出したように、です。そもそも、相手の名前を言うことがほとんどなく、ひどい場合には、名前を知らなかったり、忘れていたりするケースもあります。

前章でも触れた通り、相手を名前で呼ぶか、呼ばないかには、じつは決定的な違いがあります。

**名前をきちんと呼んでもらえることによって、呼ばれた側は「自分にちゃんと向き合ってくれているんだな。うれしい」という気持ちになります。それが信頼感につながるのです。**

「よかったよ」の前に「○○さん、よかったよ」と名前を添えるだけ。たったそれだけで、相手の信頼感、やる気、成長速度はまったく違ってくるのです。

**まずは、相手の目をしっかり見て、名前を呼び、具体的にほめることです。**

できれば、周りにいるほかの人にも聞こえるようにほめるともっといいでしょう。特に、相手が自分から意識してがんばっている点に気づいてほめてあげると、やる気がぐんと伸びるのがわかります。

「マイク、いつも朝、店の前を掃除してくれているね。ありがとう。おかげで毎日とても気分よく過ごせるよ」

一流の人はこうしたほめ方で上手に人を伸ばすので、人から信頼され、感謝されて、ますますチャンスが回ってくるという好循環が生まれます。

# 初めての打ち合わせで「腕時計の針を30分進めておく」理由

「時は金なり（Time is money）」といわれるように、時間は貴重なものです。そのため、用件は手短にすばやく切り上げようというのがビジネス上の一般的な考え方ですが、私の場合は逆です。

**私は30分以内で終わるミーティングをめったにすることがありません。**実のある話をしようと思ったら、30分では足りないと思っているからです。

「今日は顔合わせぐらいにしようか」などと言って、10分くらいのミーティングが設定されることもありますが、これこそ時間のムダです。せっかくメンバーが集まったのなら、10分だけで解散するのはもったいない。

もちろん、ダラダラと不必要に長いのも考えものですが、少なくともある程度まとまった時間を取って、中身がある話をしたほうが有効です。お互いに限りある貴重な時間を割いて、集まるわけですから。

**だから、基本的に私は相手が早く切り上げようとしていたとしても、せめて30分以上は「実のある話」ができるように、そのためのネタを豊富に仕入れておいて、どんどん質問し、提案して、時間を延ばせるようにしています。**

反対に、お客さんとの打ち合わせでは、ほんとうは枠を1時間確保していながら、あえてそれは伏せておいて、相手には30分の時間枠を告げておくことがあります。

結果的に打ち合わせが長引いて1時間まで延長したとすると、それだけ相手に「自分のために貴重な時間を割いてくれた」、すなわち「話の内容に価値を見出《みいだ》して乗り気になってくれた」と判断してもらえるからです。

時には、そうした場面でちょっとした〝小細工〟をすることもあります。**自分の腕時計をわざと30分進めておくのです。**特に初めてのお客さんとの打ち合わせのときは、たいてい30分進めた腕時計をしていきます。

**なぜかというと、それが目に入ったときの相手の反応によって、相手の心理**

**状況を窺《うかが》い知ることができるからです。**

打ち合わせの場で堂々と時間を確認するのは相手に対して失礼に映る恐れもあるため、お客さんは自分の手元以外の時計でさりげなく時間を確かめようとします。

そうしたときに、私の「30分進めた腕時計」をお客さんの目に届くところに出しておくと、それを見たお客さんは、一瞬、もう約束の30分が過ぎていると思い、「あ、時間……大丈夫ですか?」といった反応を見せます。

そこで「いや、全然大丈夫ですよ。すごく興味深いお話なので、ぜひ続きを聞かせてください」と答えると、相手も感謝してくれるうえに、私自身も心理的に余裕を持って話を進められるわけです。

このように、相手のちょっとした反応を観察する手がかりを残しておくことで、話の方向を状況に応じて変えることもできますし、それを手がかりに細かい気くばりを行うことで、より密度の濃い人間関係を築きやすくなるのです。

# 目でよく見ておくからこそ「目に見えない気くばり」ができる

先に、お客さんとレストランへ行ったときなどに、相手がカップを手に取りやすいよう、持ち手の向きにも気をくばる、という話をしましたが、接待のような場面では、ほかにもたくさんの細かいところに注意を向けるようにしています。

たとえば、**お客さんのお酒の飲み方**もそのひとつです。

ひと口ずつ、チョビチョビと飲むのは、あまりお酒が好きではないか、強くない人です。そういう人には無理にお酒をすすめず、さりげなくソフトドリンクを手配します。反対にゴクゴク飲む人であれば、お酒に強いとわかるので、スムーズにお代わりが注文できるタイミングを見計います。

店が混んでいたら、オーダーに時間がかかるでしょうから、グラスの量が半分以下に減ったころに注文する。あるいは店がすいていたら、すぐにオーダーしなくても大丈夫なので、少し様子を見る――。このように、いくつか状況を細かく重ね合わせて、判断するのです。

あるいは、**接待先が初めて行く店だったら、必ず事前に一度下見に行きます。そして、トイレの場所をチェックしておきます。**そうすれば当日、お客さんがトイレに立とうとしたときにも、「あちらですよ」とすぐに案内することができるからです。

**また、できれば店のウェイターやスタッフの名前も事前に把握しておき、相手にも私の名前を覚えてもらいます。**「私はレオといいます。今度、お客さんを連れてくるので、どうぞよろしくお願いします」と。

こうしておけば、当日、店に着いたとき、こちらから「やあ、ポール。今日、お客さんを連れてきました」とあいさつできますし、相手からも「レオさま、ようこそおいでくださいました」と、名前を呼んでうちとけた雰囲気で迎え入れてもらえます。

さらに、当日は早めに電話を入れるなどして、「今日のおすすめは何ですか？」と聞いておけば、お客さんが注文で迷っているときに「今日のおすすめはこれらしいですよ」とか「ここで有名なのは〇〇ですよ」と、スマートな提案ができます。

ここまで細かく気をくばって、ようやく相手にも気持ちよく過ごしてもらえる「接待」といえます。**インターネットで評価の高い店を調べて連れていくだけでは、心のこもった「接待」とはいえません。**

人間関係を築き、事前情報もしっかり入手したうえで、当日はお客さんの様子を見てきめ細かな気くばりをすることで、自分に対してもよりよい印象を持ってもらえるのです。

# お金をかけなくても「思いやり」が伝わるプレゼントのコツ

人間関係を築くにはプレゼントも効果的です。ただし、気をつけてほしいのは、とにかく高価なものをあげればいいだろう、という誤った思い込みです。

**プレゼントというと、とかく高価なブランドものを贈ろうとする人がいますが、男女間ならともかく、ビジネスシーンにおいてはこれほどコストパフォーマンスの悪いものはありません。**

ブランド製品がほしければ、自分で買います。経験からいえば、人から趣味に合わない高額なものをもらっても困惑してしまうだけです。

**プレゼントをあげるとき、私が第一に考えるのがコスパです。**

たとえば、私はよくワインをプレゼントするのですが、ワインは必ずしも味と値段が比例するわけではありません。値段は高くなくても味のクオリティの高いワインがたくさんあるので、相手の好みに合わせた手頃なものを贈るときに便利です。

**また、プレゼントを贈るときに欠かさないようにしているのが「パーソナルタッチ」を加えることです。** 仮に小さな写真立てを贈るとすると、そこに記念のひとことメッセージを書いたカードを1枚はさんでおくのです。

そのため、私は毎日のように「今日の格言（Quote of the Day）」などのサイトをチェックしています。これは詩のワンフレーズや偉人の名言を日替わりで紹介しているサイトです。

この中から「これは」と思えるものをいくつか選んでおき、いざプレゼントを贈るとなったときには記念のメッセージとして添えるのです。

あるいは、相手がふだん口ぐせにしていたり、座右の銘にしていたりする言葉を記念メッセージとしてつけてもいいでしょう。

「あきらめなければ、夢はかなう」などのメッセージを入れてあげると、「そういえば、俺はよくこんなことを言っているな」と、相手も感激してくれます。

たんに「ありがとうございました」や「お世話になりました」といったありきたりのメッセージだと、読む人の心に響きません。そこで相手に個人的で特別なメッセージをつけることで、お金をかけなくても「コスパの高いプレゼント」ができるわけです。

ほかにも、私がよく実践しているパーソナルタッチとして、**花束を贈るとき、**

**配達員の人にメッセージを声で伝えてもらうサービス**があります。

花束にはたいていメッセージカードをつけますが、カードの文字はコンピュータで打ち込まれる場合も多いので、どうしても無機質な印象を与えてしまいます。

そこで、このサービスを使って、自分の名前とメッセージを口頭で相手に伝えてもらうのです。

花束が届いた際、配達員の人が「メッセージがございます。『レオです。この間はありがとう。楽しかったね。また行きましょう』とのことです」と肉声で伝えてくれるので、新鮮な驚きと感動があります。コンピュータで打ち込まれた文字より、ずっと心がこもったメッセージに感じられるでしょう。

つまり、相手の心に響かせるには、どんな個人的な思いやりを形にして添えられるかがポイントになります。

これは、一斉メールにも当てはまります。

**イベントやパーティの招待などで一斉メールを送るようなとき、私はできるだけ同じ文面ではなく、9割の事務的な内容はコピペしたとしても、1割には**

**個別のメッセージを入れるようにしています。**

「最近、結婚したんだね。おめでとう」とか「お子さん、どう?」といったひとことでかまいません。これだけでも、手間をかけずに一斉メールにはない心が伝わって、相手との距離を縮めるツールになります。

# 後ろを向いていても、その「笑顔」は相手に見えている

最近の日本の店は、どこに行ってもスタッフの笑顔にあふれています。コンビニに立ち寄れば「いらっしゃいませ」「こんにちは」「ありがとうございました」といったマニュアル化されたあいさつと笑顔のオンパレードです。

でも、対面しているときはものすごい笑顔でいても、くるりと背を向けた瞬間、表情がコロッと変わって能面のような顔になる人も少なくありません。あまりの落差に、傍らで見ているこちらがびっくりするくらいです。

以前は、そうではありませんでした。笑顔になる状況であれば、いつ、どこで人に見られても、ずっとにこやかな表情でいたように思います。今のようにマニュアル化された大げさな「営業スマイル」ではありませんでしたが、笑顔自体にずっと心がこもっていました。

**いい人間関係を築きたいなら、笑顔は必須条件です。**

でも、その笑顔がつくり笑いではすぐに見透かされてしまいます。**ほんとうに笑顔でいるかどうかは、「後ろ姿」からでもはっきりわかってしまうのです。**

私はよく研修などで、受講生たちとこんな実験をします。

2人に後ろ向きに立ってもらい、近くにいる別のもうひとりに、いったいどちらの人の背中が声をかけやすいか、聞いてみるのです。つまり、「背中の印象」だけで、声のかけやすさをはかるわけです。

すると、決まって「声をかけやすいほう」に選ばれる人が、一方に偏ってきます。何度か後ろ向きに立つ人を入れ替えてみても、一方に偏る傾向は変わりません。

何が違うのかというと、選ばれるほうの人は、後ろを向いている間もずっと笑顔になっていて、もう一方の人は仏頂面をしているのです。もちろん、２人は背中を向けているので、直接その表情は見えません。

にもかかわらず、ほとんどの場合笑顔の人のほうが選ばれるのです。

**これはつまり、正面を向いていないときでも、笑顔はちゃんと相手から〝見えて〟いることになります。**

人間の感覚は不思議なもので、科学的な検証までは行っていませんが、何か笑顔のオーラのようなものが、背中から出ているのかもしれません。

この実験からいえるのは、たとえ相手の目に見えていなくても、いつも笑顔でいることがいかに大切か、ということです。

**人は服装やヘアスタイルなど、見た目にとても気をつかいます。でも、もっとも気をくばらなければいけないのは、そのときの自分のマインドです。**

「何となく親しみやすい」、あるいは「近寄りがたい」。こうした雰囲気の差は、じつはマインドが笑顔モードなのか、拒否モードなのかで決まります。

正面を向いているときだけ輝くような営業スマイルを見せていても、背中を向けたとき、ふてくされた顔になる人のマインドは、笑顔ではありません。そういう人は、自然と人気もなくなっていきます。

ずっと笑顔でいるかどうかは、自分でコントロールできることです。いい関係を築くには、たとえ人が見ていなくても、公の場にいるときと同じ意識で、いつでも笑顔をたやさないよう心がけておくことです。

# できる人はなぜ、握手の前に「手をポケットにつっ込む」のか？

**初対面のビジネスマン同士が会うとき、欧米では、最初のあいさつは「握手」から始まります。この握手がその後の人間関係、特に上下関係を決める大事なきっかけになります。**

最近の例では、日本の安倍首相がアメリカのトランプ大統領と初めて首脳会談したときの握手が象徴的でした。

トランプ大統領は安倍首相の手を取ると、自分のほうに強く引き寄せ、まるでふり回さんばかりの勢いで握手をしていました。

私には、それが自分が主導権をとるのだという強さをアピールしているように見えました。ビジネス的な見方をするなら、手を取られて、ぐいぐいふり回された時点で安倍首相は「負け」なのです。

ほんとうはふり回されないように、同じくらいの強さで握り返さなければいけません。また、トランプ大統領は握った安倍首相の手を、トントンと子どもをあやすように軽くたたくシーンもありました。同じ行為をトランプ大統領はイギリスのメイ首相にもやっています。

あれは立場が上の者が下の者をねぎらうしぐさです。そのせいか、メイ首相は明らかに不愉快そうな表情を見せていました。トランプ大統領らしいといえばらしい握手の仕方です。

このように握手は、相手に「自分」という人間を示すときの大事なボディランゲージになります。

**握手した瞬間の握る強さ、手の温度、やわらかさ、肌の状態など、すべてが自分を語る貴重な情報になっているのです。**

ですから、優秀なビジネスマンほど、握手にとても気をつかいます。**私も、握手の前には必ず、少しの間ポケットに手を入れておくようにしています。**

なぜなら、握手したときに手が冷たいと、相手にネガティブな印象を与えてしまうからです。

手が冷たいのは血のめぐりが悪い証拠。健康状態に問題があると思われるかもしれません。また、手が冷たい人は、心も冷たい印象を受けます。手が温かいほうが情熱的で、エネルギッシュで、仕事にも前向きに取り組んでいる感じがします。

それに握手したとき、手が冷たいという感触だけでも、びっくりします。温かい手で包まれたほうが、友好的で安心できる気がします。

**そのために、ポケットに手を入れて、全体をあたためておくわけです。**

ちょっとしたことですが、そのくらい、握手のときに与える印象というのは、お互いの関係づくりにおいて重要なのです。

そこにまで気をくばってこそ、優秀なビジネスマンといえます。

いかがでしょう。荒れたガサガサの冷たい手で、いきなり相手の手を握ってしまってはいませんか？

# 今日から「第一印象」をよくできる5つのポイント

人間の体は、自分が思う以上にさまざまなメッセージを発しています。

先に述べた、「後ろ向きでも笑顔かどうかがわかる」というのがいい例ですし、握手の際の手の温度もそうです。それだけ、自分でも気づかないうちに、体を通して相手にいろいろな情報を与えているのです。


**私は、ミーティングの間にときどき、相手の喉仏をさりげなく見ることがあ**

**ります。ゴクンとつばを飲み込んでいると、「この人、緊張しているんだなということがわかります。**

あるいは、こちらから質問を投げかけて、相手が「えーと」と言いながら、目線を右上、または左上に泳がせたら「今から言うことはうそかもしれない」ということが察知できます。

**まさに「ボディランゲージ=身体言語」の言葉通り、その人自身の考えや状態が見た目を通してありありと伝わってくるのです。**

逆にいうと、ボディランゲージがコントロールできれば、相手に与える印象もコントロールできるということです。

私が研修で必ずお伝えしている **「第一印象をよくするための5つのポイント」** を、ここでご紹介しておきます。

## ①服装

第一印象でまず目に飛び込んでくるのは、その人の服装です。服装はその人の見えている部分の大半を占めるので、印象を大きく左右するのは間違いありません。

有名な話ですが、アップルの創業者スティーブ・ジョブズとＩＢＭの幹部が会合を持ったとき、ジョブズはスーツにネクタイ、ＩＢＭの幹部はＴシャツにジーンズの姿で現れたそうです。お互いに相手に好感を持ってもらうために服装を考えた結果、こうした面白いシーンになったのでしょう。

男性のビジネスマンであれば、スーツやワイシャツはもちろん、少しラフなかっこうであっても、アイロンが当たっていて、ピシッとした清潔なものを着ていくのは当然です。

問題は、目に見えるところではなく、目立たないところ、自分の手がなかなか届かないところです。

**たとえば私はよく、相手の「ズボンのすそ」に注目します。** すそまできちんとアイロンが当たっているのか、靴下は肌が見えるショートのものではなく、ロングのものをはいているのか、といったところに目をつけて、どのくらい気くばりができる人かを判断します。

**また、もう1つ注意しているのが、服の色。**

**私は、お客さんのところを訪ねる際、できるだけ「相手の会社（ロゴやアイコンなど）のカラー」に合わせた色を、どこかに取り入れるようにしています。**

服が難しければ、ネクタイやカフスボタンなどでもかまいません。

相手側に特徴的な色がない場合は、「自分のカラー」であるピンク色のものを身に着けます。こうすると、相手の印象に残りやすくなるだけでなく、何か贈り物などをしてもらえることになった際に、相手が迷わずに済みます。

**見えるところばかり飾りたてて、見えないところで手を抜く人間は、仕事でも詰めが甘く、ミスが多いものです。**

第一印象は服装で決まりますが、中でも目に見えないところまで、注意が行き届いているかどうかが重要になります。

## ②靴

2番目のポイントは靴です。

靴が汚いとろくな仕事ができない、というのが持論で、高価な靴でなくてもかまいませんが、きちんと手入れが行き届き、ピカピカに磨いてあるかどうかが重要です。

私は服装よりもまず初めに靴を見て、それから上のほうを見るくらい足元の装いを重視しています。細かいところまで気をくばれるかどうかは、靴の手入れの行き届き具合でわかるといっていいでしょう。

**靴の磨き方だけではありません。もうひとつ注目するのは靴底の減り方です。どんな減り方をしているかで、その人の健康状態がわかるからです。**

これは整体の先生から教わったことですが、靴底の外側がすり減っている人は消化器系の内臓が悪いということです。逆に内側がすり減っている人は骨格に問題があるとか……。健康な人は、靴底が均等に減るそうです。

また、靴底が傾くくらいまで減っていながら、まだはき続けているという点で、細かいところに気をくばれない、だらしのない人だと想像できます。だらしのない人は、仕事でもミスをする恐れが高いので、注意が必要です。

## ③歩き方

3番目のポイントは靴とも関係しますが、歩き方です。

健康的な人は背筋を伸ばしてまっすぐ、きれいな歩き方をします。一方、健康に問題を抱えている人は、猫背だったり、がにまただったり、体が傾いていたりと、どこか不自然な歩き方をするものです。

**街中で観察していても、「素敵だな」と思う人ほどゆったりと、けれどもスムーズに、まるで「水の上を歩くように」歩きます。ほかの人よりスピードは速いものの、バタバタと急いでいる様子には映りません。**

このように、美しい姿勢で、堂々と胸を張って歩く人には、理屈抜きで人をひきつける魅力があります。

私自身はよく、そうした街中で見かけた「お手本」や、雑誌で目にした「成功している経営者」などになりきったつもりで、スピーディに、けれども焦らず、歩くことを心がけています。歩き方を整えると、不思議なことに速く移動していても靴底があまりすり減りません。

## ④背筋

4番目のポイントは背筋です。

背筋をぴんと伸ばすには背筋と腹筋の力が必要です。**正しい姿勢が維持できずに、猫背になったり、お腹《なか》が出たりして、姿勢がぐにゃぐにゃしてしまうのは、筋力が弱い証拠です。**

**つまり、体の鍛練ができていないのです。**私の場合、そういう人を見ると、「忍耐力に不安があるかもしれないな」という見方をします。

耳と肩の位置が前後にずれないよう、胸を張って、「頭からまっすぐつるされている」状態をイメージすることを心がけてみましょう。

## ⑤声

5番目のポイントは声です。

ぼそぼそと小さな声で話すのはもってのほか。自分に自信がないのを、周りに吹聴《ふいちょう》しているようなものです。**声が大きいと、それだけで注目を集めることができます。**

**声の大きさは自分でコントロールできますから、人と話すときは相手にしっかり聞こえるように、はっきり発音しましょう。**息の量を多めに、のどからではなく、腹から声を出す感覚です。高さもふだんよりワントーン低いくらいが、声に厚みが出てちょうどいいでしょう。

ちょっと意識するだけでも、印象はかなり変わってきます。

## 「お金のタネ」はそこら中に転がっている

私の両親は自分で事業を営んでいたので、私や弟に対しても、早くから経営者目線で世の中を見るようにしつけてきました。自分でお金を稼ぐ方法を見つけるよう、子どものときから工夫させていたのです。

**「お金のタネはそこら中に転がっている」**

私が両親から学んだ大切な教えのひとつは、この言葉です。

たとえばニューヨークでは冬になるとかなり雪が積もります。すると、母は私にこう言って外に行かせました。

「早く雪かきに行ってきなさい。今ならお金になるわよ」

中学生くらいのときから、私はシャベルを持って近所を雪かきに回るのが習慣でした。私が住んでいたのは富裕層の住む地域でしたから、丸一日回るだけでけっこうなお金になります。

**何度もやっているうちに、どういう家を訪ねるといいかといった、見定めもある程度できるようになりました。**

富裕層でも特にお金持ちの家は、雪かきのサービスを独自に頼んでいて、私たちのような子どもが出る幕はありません。反対に、家計に無理をしている家だと、よけいなお金は使いたくないので、「雪かきなんて必要ないよ」と追い払われてしまいます。

だから私は子どもなりに、家々の様子や雪の積もり具合を観察して、ちょうどいい具合に雪かきの仕事を任せてくれそうなところを探して歩いたのです。

効率よく回ると、一日4~5万円になることもありました。中学生にとっては大金です。喜び勇んで家に帰るのですが、そこに手ぐすね引いて待っているのが母です。子どもが丸一日、肉体労働をして稼いだお金を、何割かスッと取ってしまうのです。

「えっ、どうして?」と文句を言うと、「だってあなた、この家で食べさせてもらっているでしょ。これは家賃分ね」と、さらりと言ってのけます。

まさに「お金のタネはそこら中に転がっている」の考えを地で行く母のやり方でした。

## 誰かの「面倒くさい」を解決することがビジネスの始まり

こんなふうに、「お金になりそうなタネはないか」という目で世の中を見るくせがついてくると、そこら中にチャンスが転がっているのがわかるようになります。

この体験が生きたのが、大学生になったときでした。

私は親元を遠く離れて、寮生活をすることになりました。寮では何百人もの学生が一緒に生活を送ります。ところが、洗濯機やドライヤーは1フロアに4つしかないので、たいてい「使用中」になります。とりわけ洗濯機はみんなで奪い合いになり、ちょっとした戦争状態でした。


**そこで私が始めたのが、洗濯代行でした。**


先輩たちの部屋を回って大量の洗濯物を集めると、ランドリールームに陣取って、洗濯機が空くのを待ちました。勉強道具やPCを持ち込んで、勉強しながら待機するわけです。そして空いた順番に洗濯機を使用し、最終的には4台全部を独占してしまったのです。

すると洗濯に来た学生は洗濯機が使えません。私はそんな彼らに、親切に声をかけます。「よかったら、僕が洗濯しときますよ。5ドルでどうですか？」と。そこで新しいお客さんを獲得できるわけです。

こんなふうに、常時ランドリールームにい続けて、洗濯代行を始めると、たちまち商売繁盛になりました。自分だけでは手が足りず、そのうち同級生もまき込んで、何人か交代でシフトを組むようになりました。

「勉強しながらお金を稼げる仕事があるんだ」と誘えば、みんな乗ってきます。おかげで入学早々、ちょっとした小遣い稼ぎができるようになりました。

このように、お金になるタネはそこら中に落ちています。

**注目すべきポイントは「誰かの『面倒くさい』を解決する」こと。**

自分で雪かきをするのが面倒くさいとか、洗濯機が空くのを待って洗濯するのが面倒くさいなどといった、人がやりたがらないことに目を向け、「面倒くさい」をなくすことがビジネスのスタート地点です。

その視点で世の中を見ると、誰かの「面倒くさい」は、たくさん転がっていて、必ずニーズがあります。要はそういう目で世の中を見られるかどうかの問題なのです。

# お金で買えない「価値」の見つけ方

INFORMATION

情報

CHAPTER4

# 人生を変えた
# ある「大富豪のメンター」との出会い

誰の人生にも転機は訪れます。私の場合、それはある大富豪のメンターに出会ったことでした。

ニューヨークに住む日本人の中でも飛び抜けて成功しているS氏を父から紹介してもらったのは、私がバンカメに入って3年ほどたってからでした。私はこのメンターから、大富豪の仲間であるユダヤ人の実業家グループを紹介してもらうことができました。

**それまでも、銀行の仕事を通じて数々の富豪と呼ばれる人たちを見てきましたが、紹介してもらった実業家のグループは、私の知る「お金持ち」の水準をはるかに凌駕《りょうが》する、ケタ違いの人種でした。**

私は幸運にもそんな彼らが集まる場の末席に加わる機会を得て、超一流の人たちが大切にしている考え方やふるまいを学ぶことができたのです。

ニューヨークで成功している日本人というと、その数は意外と多くありません。もともと日本人自体が少数派であるうえに、激戦地のニューヨークで日本式のビジネスが勝ち上がることは容易ではないからです。

そうした環境にいながら、成功をおさめている人物のひとりがS氏でした。私の父がS氏のお兄さんと仕事をしていた関係で、S氏とも面識を持つことができたのです。

S氏は大富豪だけで構成されるユダヤ人組織からも認められていて、彼らの間で「ビジネスマン・オブ・ザ・イヤー」を受賞したこともあるほどでした。ユダヤ人以外の人間にこの賞が授与されることはなかなかないらしく、それだけでも、いかにS氏が一目置かれる存在だったかがわかります。

**私は彼に出会うことで、人生の扉がいくつも開かれる体験をしました。**

## 「ユダヤ人の超大金持ちたち」の会合に出席してわかったこと

あるとき、私は彼からユダヤ人たちの秘密のディナーに同行できるチャンスをもらいました。

「ユダヤ人の大富豪たちとディナーを食べるけど、一緒に来るかい？」

「もちろん！　ぜひ行かせてください」

指定された場所は会員制のバーで、ニューヨークとビバリーヒルズにしか店がない、とびっきりのセレブ御用達《ごようたし》の場所でした。S氏はニューヨークのその店で唯一の日本人会員なのだそうです。

一流銀行のバンカーとして、それなりの場所に慣れているはずの私から見ても、そこはすべてにおいて別格でした。

置かれている調度品の豪華さ、集まっている人たちのゴージャスさ、現場スタッフの洗練された動きなど、すべてに圧倒され、「うわぁ、緊張するな」と思いながらも、私はいちばん年下の下っぱとして、みんなの秘書のように動き回りました。

ウェイターが来る前に、水の手配をして、必要なものを聞き、彼らが心地よくいられるように最大限の気くばりをしたのです。

小さいころ両親からたたき込まれた人への心遣いや、高校のとき時給25円で給仕のアルバイトをした経験が、ここで生きました。どんな経験も、人生にムダはないんだな、と私に厳しく接してきた両親に少し感謝する気持ちになったものです。

**ディナーの間中、彼らは楽しげに情報交換をしていました。その内容は驚くようなものばかりで、ほかでは絶対に聞けないトップシークレットや、半年くらい先に公開される極秘情報が飛び交っていました。**

お金持ちはこういう情報を手に入れて、資産を増やしているのだ、と私はあらためて世の中の仕組みを痛感させられました。

# 「大金持ちなのにおごってくれない」ほんとうの理由

さて、彼らの優雅なディナーが終わり、いざ会計になったときです。**「はい、おまえも」と言われて求められたのが、なんとひとり20万円の支払いでした。**

「は？」と、思わず口から声がもれそうになりました。私は「どういうこと？」と思いました。

なぜなら私はこの中でいちばん若い人間で、彼らの秘書のように動き回って奉仕していたからです。末席には座っていましたが、落ち着いて飲んだり、食べたりする暇はほとんどありませんでした。表には出さないまでも、正直、おごってもらえると思っていたのです。

「大金持ちばかりなのに、おごってくれないんだ」と、モヤモヤしながらも、なんとかカードで支払いを済ませてその場を出ました。そのあと二次会に行きましたが、やはり支払いは割り勘でした。

**超がつくほどの大金持ちなのに、なぜ若造の――しかもほとんど飲み食いしていない――私に、自分たちと同じだけの大金を払わせるのかと、私は彼らの真意をはかりかねていました。**

翌週も私は同じようにS氏に誘われて、ユダヤ人大富豪たちのディナーに参加しました。やはり私はみんなの〝パシリ〟を務めて、ほとんど飲み食いできませんでしたが、それでも支払いは割り勘でした。そんなことが毎週のように続くわけです。

メガバンクでそこそこ高給はもらっていたとはいえ、毎週、二次会も含めると、何十万円も出費があってはさすがにもちません。クレジットカードの使用金額は上限いっぱいにふくらみ、通帳の残高もみるみる減り、泣きたくなりました。

彼らのとっておきの情報を末席で聞けるメリットは十分承知していましたが、その前に自分が財政破綻しそうです。私は適当な言い訳をつくって、二次会を辞退するようになりました。ディナーのときのおいしい情報だけを聞かせてもらって、二次会の分はお金を浮かそうと、ずる賢く考えたのです。

するとS氏が勘づいたのでしょう。ある日、私を夕食に誘い出しました。

「また高級店か」とひやひやしましたが、誘われたのは安いラーメン店。まるでお金をけちりたい私の心理をすっかりわかっているようでした。

その席で、S氏から「何か言いたいことがあるならちゃんと言ってみろ」と言われました。私がなかなか本音を言い出せずにぐずぐずしていると、S氏は見透かしたようにこう言いました。

「おまえは俺らがおごらないから、イライラしているんだろう?」

——図星でした。私が口ごもっていると、S氏は続けました。

「よく考えてみなさい。おまえが自分だけの力で、今参加しているあのグループの会合にたどりつけると思ったら大間違いだぞ。もし自力でやろうとしたら、いったいどれだけの時間と、お金と、人脈と、運が必要だと思っているんだ? 彼らはそれだけの努力をして、あそこの席に座っているんだ。**それに見**

**合うだけのものを、おまえはあの場で提供しているのか？**」

反論のしようがありませんでした。そもそも私は、ただS氏の紹介というだけで、末席に連なっているだけ。本来なら、毎回20万円の授業料を払ったとしても、あそこにいさせてもらえる資格は手に入らないであろう人間なのです。

「いいか。次の会合まで1週間ある。おまえに1週間やろう。そのときまでに、自分があの場にふさわしい何かが提供できると思ったら、ディナーに来い。でも答えが出せないんだったら、もう来るな。もっとおまえに見合った場所に行けばいい」

S氏からそう宣告されてしまったのです。

## 最後のチャンスを目の前にして気づいた「情報」の大切さ

S氏の言葉に、私は今までの自分の思い上がりを恥ずかしく思いました。それと同時に、「このチャンスを逃したら、自分は永遠に彼らの世界に近づけない」と思ったのです。このままの人生で終わるのか、上を目指して少しでも彼らのところまで近づくのか――。

**その1週間、私は彼らの会合に出るに値する自分になるためにどうしたらいいのか、そして自分が提供できる「価値」は何かを、徹底的に考え抜きました。**

まず、お金では到底彼らにかないません。仕事に関しても、一バンカーにすぎない自分と彼らとでは、レベルが違いすぎて話になりません。人脈もありません。

**唯一、私ができるとしたら、彼らが知らない「情報」を入手することだけだと思いました。**

それから次の会合までの間、私はとっておきの情報を得るべく、無我夢中で走り回りました。友人から友人を紹介してもらい、そこからまた友人を紹介してもらい……という方法で、おそらくその数日間だけで100人以上の人には会ったでしょうか。

すると、製薬会社の監査法人で働いている知り合いのつてで、ある画期的な薬の開発が最終段階に近づいているという情報を得たのです。それ以上の詳細はわかりませんでしたが、この1週間、ありとあらゆる情報を集めた中で、この情報がもっとも価値が高いものに思えました。

自信はありませんでしたが、とにかく私はこの情報を携えて、ユダヤ人大富豪たちの会合に臨んだのです。

## 私が「ある話」を切り出した瞬間、彼らの雑談がピタッとやんだ

いつものように大富豪たちが集まり、なごやかにディナーが始まりました。

ご飯を食べている最中、初参加の陽気な雰囲気の男性が、末席の私に話をふってくれました。

「ヘイ、レオ。調子はどうだい？」

ほかのメンバーはあまり興味を示しませんでした。私がいつもこまねずみの

ように動き回って、みんなに奉仕しているのはわかっているのですが、そんなことは私でなくてもできるのです。

「この男は、ほんとうはここに来る資格がないのだ」と、暗黙のうちに言われているようでした。

それなのに、私は自分の若さに甘えて、何か月もここに座り続けたうえに、「お金持ちなのにおごってくれない」と不満をもらしていたわけです。そんな自分を恥ずかしく思う気持ちに押しつぶされそうでした。

私は、思い切って口を開きました。

「みなさんすでに知っていらっしゃると思いますが、今、○○製薬で開発中の新薬が研究の最終段階に到達しているといううわさを耳にしました。発売されたらものすごい市場規模になる可能性があります――」


**その瞬間、場の空気がピタッと静止しました。**

それまでワイワイがやがやと雑談していたのが、水を打ったように静まり返ったのです。一瞬、私は自分が失言したのかと青くなりました。でもそうではありませんでした。

彼らはお互いに目くばせをし合いながら、「ん？　どういうこと？　レオ、もう1回言って」と私に質問してきたのです。私は自分が得た情報をあらいざらい話しました。

私が得た情報はそれほど詳細なものではありませんでしたので、すぐに話は終わってしまい、ディナーの場はがやがやといつもの雰囲気に戻りました。

でも一瞬、空気が静止したあの時間を私は忘れることができませんでした。わずかではありますが、私はその場にいる人たち全員の注目を集め、彼らに役立つ情報が提供できたのです。

**その日、初めて私はみんなからディナーをおごってもらうことができました。**

私がいる価値を、彼らが認めてくれたのです。

別れ際にS氏がみんなにこんなことを言ってくれました。「今日は俺の後輩がよくがんばっただろ？　彼は弟（brother）みたいな存在で、俺も助けられているんだよ」

「brother」――親しみのこもったその言葉が、私の心にしみわたりました。

それまで「こいつはバンカーで」とか「優秀な営業マンで」という紹介こそありましたが、「弟」という呼び方をされたことはありませんでした。それを聞いた周りのみんなも「オー」と感嘆の声をもらし、以来、私に対する見方が少し変わったのです。

大富豪のメンターであるS氏から教わったのは「情報」の大切さです。

こまごまと注意を払って、相手を気持ちよくさせたり、人がいやがる仕事を引き受けたり、相手より「下手」に出たり、カップの持ち手の向きを変えたりするなど、体を使ってできる「気くばり」はたくさんあります。

**でも相手をもっとも気持ちよくさせる気くばりは、役に立つ情報を提供することです。**

相手にとって有益な情報ほど、人を喜ばせるものはありません。私はその大切さを、日本人の成功者であるS氏と、ユダヤ人の大富豪たちから教わったのでした。

# 生きた情報を得たければ「点と点をつなぐ」ことを意識せよ

そんなことがあってから、私はときどき大富豪たちのお供をさせてもらえるようになりました。S氏のもとに、彼らから「おまえの『brother』を貸してくれないか」と連絡が入るのです。

中でも多かったのはゴルフのキャディ役です。「レオなら気くばりもできるし、最低限のマナーも知っているから、キャディ役で貸してほしいんだよ。ま、最低限のことをやってくれればいいからさ」みたいな感じです。

彼らのゴルフ仲間といえば、やはり同じクラスの大金持ちたちです。その集まりに顔を出せるチャンスなどそうあるわけではありません。

「いいですよ。僕でよければ」。私は快く何度もキャディを務めました。

彼らといるとき私が意識したのは、やはり「情報」の大切さです。情報といっても、ディナーの席で披露したような、とっておきのネタがいつもあるわけではありません。**そこで、私が重視したのは「人と人をつなげるための情報」でした。**

私は毎週ユダヤ人たちのディナーに参加し、膨大な量の情報をインプットし続けました。その情報を駆使して、ゴルフに参加するお客さんにも「あの人とあの人をつなげれば、こんなビジネスが可能かもしれない」「この話とあの話をつなげると面白そう」ということを、それとなく話してみるのです。

「そういえば、ここでこんなことをしている人がいますよ」と耳に入れるだけで、相手にとって重要な情報だと、パッと表情が変わります。

「なんでおまえがそんな人を知ってるんだ?」

「いえ、僕、○○の会合に出ているので」

「おまえ、あそこに出てるのか。なら、たしかな情報だな」

こんな調子で、人と人がどんどんつながりました。

「情報」とはたんに何かを知っているとか、ネタがあるといった単発的なものだけでは、まだ十分ではありません。何かと何かをつなげるための情報を意識することも重要です。

**なぜかというと、「つなげる情報」を意識することで、人間関係がどんどん広がっていくからです。**

**広がった関係が、さらに新たなビジネスや投資につながっていきます。**たとえば私の場合は、キャディを務めながら人をつなげる情報を提供したことで、ゴルフに来ていたある経営者がバンカメに投資用の口座をつくってくれることになりました。

その口座で利益を出した結果、今度は彼が別の人に私をつなげてくれて、その人がバンカメに口座を開き、さらに彼は日本の一流商社の上層部につなげてくれる……そうしたいい循環が回り始め、商社のメインバンクがバンカメにごっそり切り替わったこともありました。そのときの私の営業成績が、幸いにもずば抜けた数字をたたき出してくれたのは、いうまでもありません。

「情報」とは、伝えて、生かさなければ意味がありません。知っているだけではダメなのです。

情報と情報をつなげるのは、点と点を結ぶようなものです。情報を入手したら、自分が持っているほかの情報とつなげる要素がないか検討する。**つねに「つながり」を意識しようとする姿勢を持っているかどうかで、そこから先の広がりがまったく変わってくるのです。**

## どんな相手も価値を認めてくれる「MRI」の見極め方

この世界では情報が命ですが、ただ情報を持っているだけではダメで、それを流して活用できる人間関係がないと意味がありません。その関係がお金を生み、お金が情報につながって、情報がさらに関係を広げる、というサイクルをつくり出していきます。お金持ちがいつまでもお金持ちでいられる理由のひとつは、このサイクルを持っているからです。

**お金は「Money」、人間関係は「Relation」、情報は「Information」です。これらを、私はまとめてアルファベットの頭文字を取って「MRI」と呼んでいます。**

人生の中で「MRI」をどうつくり上げていくのかが、成功できるかどうかの別れめではないかと考えています。

では、実際この「MRI」をどうやってつくっていけばよいか——。

**入り口となるのはやはり「I」、すなわち「情報」です。**というのも、「M」の「お金」に関しては、ある日、突然増えるということはなく、「R」の「人間関係」も一朝一夕で築けるものではありません。「M」も「R」もすぐに手にすることはできない、ということです。

でも「I」の「情報」を得ることなら、その気さえあれば誰にでもできますし、お金も必ずしも必要ではありません。

私が数日間、駆けずり回って製薬会社の極秘情報を入手できたように、がんばれば、誰でも、いつでもトライできます。その「情報」を上手に活用することで、「人間関係＝R」やその延長線上にある「お金＝M」にもうまくつながる道が開けるのです。

# 「情報」の魅力を最大化させるうえで気をつけるべき2つのこと

たとえば自分が医者だとして、新しく知り合う人に自己紹介、つまり自分の情報を伝えるとします。

たんに「私は医者です。どこどこで開業しています」と言うのと、「私は医者です。インフルエンザにかからない、とっておきの方法を知っています。それはレモンを一日1個、食べることです（※）」という情報を伝えるのとでは、インパクトが違います。

（※説明のための例なので、科学的な根拠は明らかではありません）

「レモンを一日1個食べたら、インフルエンザにならない」という情報は、直接求めているものではないかもしれません。でも、その情報を添えるだけでも、たんに「医者です。開業しています」と伝えるより、確実に印象的で、相手に「この人、面白い人だな」「気さくな人だな」などと思ってもらえます。

そこから別の人に「じつはね、知り合いに面白い医者がいるんだ。気さくな人でね……」とつながっていくかもしれません。その調子で続いていけば、「面白い」「たしかに気さくだな」と感じる人も増えて、どんどん口コミで広がり、訪れる患者さんも増えるでしょう。

患者さんが増えれば、クリニックは繁盛して、お金が集まります。お金が集まれば、さらに口コミが広がって、もっと患者さんが増えます。つまりIから始まってR、M……と、サイクルが回り始めるわけです。

ここで注意しなければいけないのは、情報なら何でもいい、というわけではない点です。

同じ情報でも「私は医者です。ハーバードを出ています。脳外科の権威です」などと言われたら、相手は「へえ、すごいですね」と答えるしかありません。場合によっては「いやみな奴《やつ》だ」「エリートを鼻にかけている」といった、ネガティブな印象を与えてしまう恐れもあります。

**だから、相手に手渡す情報は、まず人を不愉快にさせないこと。これが最低条件です。**一流の人間が自分の強さをひた隠しにするのも、相手を不愉快にさせない巧みな情報戦略の一環だと思います。

**さらに一歩上を行くなら、人を不愉快にさせないだけでなく、相手がほしがっている情報を提供することです。**大富豪たちとのディナーの席で、私が偶然ながら彼らの興味を引く新薬の極秘情報を伝えたように。

順序として、まず目指すのは、人を不愉快にさせないこと。そして、次に目指すのが、相手にとって役立つ情報を提供することです。

それが「ＭＲＩ」のサイクルをうまく回すコツです。

# お金や人脈がなくても「優れた情報」が得られるシンプルな方法

ではどうやって、相手がほしがる情報を得ることができるのか。
誰でもすぐにできる、もっともシンプルで簡単な方法は**「体を使う」**ことです。

**特にお金も人間関係も乏しい若い時期ほど、体を使って情報を取りに行くしかありません。**

今でも思い出すのは、初めて銀行に就職したときのことです。よく、バンカーの最初のお客さんは「自分の親」だといわれます。まだ仕事の人間関係を十分に築けていない新人が、新しいお客さんとして勧誘できるのは親ぐらいしかいないからです。

私もその例にもれず、まず母のところに行って「住宅ローンの借り換えとか、考えてない?」と聞いてみました。

すると「はぁ? 何言ってんの? 住宅ローンはあんたより私のほうが詳しいわよ。私の知らない情報を持ってきたら、考えてあげるわ」と一笑に付されました。

たしかにその通りだと思い、それ以上母を勧誘することはあきらめたのですが、そのとき思ったのは、「自分にはお金をつくることもできない、頼りにできる人間関係もない……あとは何ができるかといったら、体を使って情報を取ってくるくらいだ」ということでした。

**新人であれば、先輩のためにカバン持ちをしたり、運転手役を買って出たりするなどして「雑用」を引き受けるのは、とてもいい情報収集のチャンスになります。**

上司がどこかへ商談に行くときに、積極的に同行させてもらうのもいいでしょう。その場所に立ち会えるだけで、ものすごく勉強になるはずです。

# その話題はインターネットやテレビの「受け売り」になっていないか？

私が人を選ばず、積極的にどんな人とも会う理由のひとつに情報収集の大きなチャンスだということがあります。

電車やタクシーを使わず、あえて街を歩くのも、やはり同じ理由からです。歩きながら街を観察していると、「ここに新しい店ができたな」「なぜあの店は閉店してしまったんだろう？」「最近、女性のスニーカーが派手めになっているみたいだな」などと、いろいろな発見があります。

それが生きた情報となり、相手に提供できる素材になるのです。**インターネットやテレビに出ている、誰でも簡単に入手できるような情報は、誰かに手渡すにはあまりいい情報とはいえません。**たんなる知識の受け売り、羅列にすぎず、新鮮味に欠けるからです。

**もし、インターネットやテレビの情報を活用するなら、自分独自の視点を交えて〝加工〟するといいでしょう。**料理でも、買ってきたできあいの惣菜《そうざい》をそのままポンと出されてもあまり感動しませんが、ひと手間加えてアレンジしてあれば、特別なものを感じるのと同じです。

たとえば先日、私が街を歩いていると、宝くじ売り場にたくさんの人が並んでいるのを目撃しました。賞金は10億円だそうです。

もし、仕事のお客さんにその話題を伝えるとしたら、どう言うでしょう?

「宝くじの賞金は10億円なんですね。たくさん人が並んでいるのを見ました。賞金がビッグだとそれだけ人気になるんですね」

これでは、ただ見たままの情報を並べているだけです。そこで、私だったらこう言いかえます。

「昔、僕が日本に来たときは、賞金は1億円でした。当時日本は世界2位の経済大国だったのに、長い間ずっと賞金1億円が続いていたんです。なのに、最近になって、急に賞金額が3億、5億、7億、10億……とあがっていきました。

なぜでしょう？　しかも、そのことに日本人が全然気づいていないんです。僕はとても不思議に思えます。あなたはどう思いますか？」

——おそらく、グローバルスタンダードが当たり前の世の中になって、日本も世界と肩を並べて戦っていくために、世界の枠に賞金の額を合わせたのだろう、というのが私なりのこの話題に対する考えですが、要はそういった考えも含めて、自分のオリジナルの情報を提供し、相手の好奇心を刺激するのです。

**このように、自分が体を使って得た情報にオリジナルの視点や考えをプラスし、相手のほしがるような形に加工し、手渡すのが、ほんとうの意味での「MRI」の「I」、すなわち「情報」なのです。**

# 毎日必ず「違うお店」にランチを食べに行く理由

**私には、毎日心がけている「ルール」があります。**

**それは、「ランチには必ず違う店に行く」ということ。**

実際に足を運んで、店の情報の引き出しをたくさん持っておくことで、「あの店、店内にポルシェを飾っているんですよ」「近くにオムレツのおいしい店があるんです」などと、話題を提供できます。

ビジネスで会食の機会などを設ける際も、相手の好みや雰囲気に合わせて、きめ細やかな店の選択ができます。

**ランチはいわば、本番のための〝予行演習〟といってもいいでしょう。** 実際に行ってみて、あらかじめ雰囲気や値段、おいしさを知っておけば、余裕を持って相手と対することができます。

ランチタイムのよいところは、仮にディナーが1万円以上するような高級店でも、比較的手頃な値段でほぼ同じクオリティの料理を食べられることです。リーズナブルなランチに行っておいて、「ああ、あの店、行ったことありますす。今度ご招待しますよ」などと言うこともできますし、ランチのときに店の人と親しくなっておけば、ディナーで行った際にもよくしてもらえます。

**メニューを頼む際も、「ここのおすすめは何ですか?」とか「限定品はあり**

**ますか？」と聞いて、話のタネになるようなものを食べてみます。**

カフェやホテルのラウンジといった場所で待ち合わせをするときも、〝想定内〟のコーヒーや紅茶ではなく、「あずきドリンク」や「青汁のスムージー」といった珍しいものがあれば、必ずそれに挑戦してみることにしています。

# ニュースチャンネルはつねに「2つ以上」チェックしよう

多くの人が触れている情報源として、テレビで流れている「ニュース」がありますが、日本のニュースを見ていて感じるのは、どこのチャンネルも中身や論調がほとんど同じだということです。

これがアメリカに行くと、それぞれのチャンネルに個性があって、同じニュースなのにまったく違う取り上げ方をしています。また、世界全般のニュースを幅広く、多様な角度で取り上げています。

そうしたギャップもあって、**私は日本にいる間も、ニュースは必ず国内だけでなく、アメリカやそのほかの国の、しかも2つ以上のチャンネルを見るようにしています。**

研修でも以前、トランプ大統領が就任した際に、彼に関するアメリカのニュースチャンネルを「1種類に偏らないように8週間毎日見続けること」を課題で出したことがあります。

すると4週目くらいには「あれ？　日本で流れているトランプのニュースと全然違うじゃん」と、受講生たちがざわつき始めました。

たとえばCNNのようなリベラルなチャンネルでは、日本のメディア同様、トランプ政権をバッシングするようなニュースを流している一方で、FOXのような保守的なチャンネルに変えると、より公平な視点からニュートラルな意見が主張されています。

それくらい、ニュースにもバリエーションがあって、ひとつのチャンネルだけに頼っていると偏りが生じるのです。

要はバランスを大事にしてほしい、ということです。日本のニュースは、テレビも新聞も雑誌もほとんど同じですから、バランスを取るためにも、海外のニュースチャンネルや複数の新聞紙を、定期的にチェックすることをみんなにすすめています。

**そうやって特定の見方に偏らない、グローバルスタンダードの視点から情報収集をしていると、当然、話題の幅も広がります。**

たとえば初対面の人に「何をされているんですか？」と聞いたとき、相手が「医者です」と答えたとしましょう。

持っている情報が偏っていると、話を広げられずに「へえー、すごいですね」だけで会話が終わってしまうかもしれませんが、幅広い見方が身についていれば、「医学界では最近ＡＩがはやっているそうですね。アメリカのピッツバーグではＡＩが予防医学に活躍していると聞きましたが……」などと、自分の詳しい分野に話をつなげられます。

あるいは政治や経済の話になったときも、相手に合わせてさまざまな立場から意見が言えれば、相手も「こいつはよく勉強しているな」と一目置いてくれます。そうやって、通りいっぺんではない人間関係が生まれるのです。

**情報のバランスを取るために、「複数の人に聞く」という方法も有効です。**

私も、「これは重要そうだ」と思う情報を耳にしたときは、必ず最低2人以上の人に確かめて裏を取るようにしています。仕事仲間や知り合いに確認してみたり、友人を使って、調べてもらったりすることもあります。

とにかく「こうだ」と自分の中で納得がいくまでは、いくつもフィルターをかけて見る慎重さが重要なのです。

# 「小さな目標」を立てて脳をさぼらせない

複数の情報に接してバランスを取るのは、脳に刺激を与える意味合いもあります。

「あの人とあの人を結びつけたら新しいビジネスができる」とか「これとあれ

をコラボしたら面白いものになりそう」といった発想やひらめきは、脳がさびついていたら出てきません。

**そのため、ふだんから意識的に脳のいろいろな場所を使うことで、バランスよく脳が刺激されるように心がけています。**たとえば歯ブラシを持つ手を交互に入れ換えたり、靴下をわざと逆にはいてみたりするのです。

歩く道も毎日同じルートではなく、ときどき変えています。五感に入ってくる風景がいつもと違うだけで、頭の働きが活性化する気がします。

同じように、ルーティンの仕事の最中にも、「今日の午前中は仕事の合間に面白い話を3個思い出そう」とか「午後は人のためにできることを10個考えよう」などと、仕事以外のアイデアを考えるようにしています。

またそれ以外の時間帯も、ゲーム感覚で「今日は5人に声をかけよう」とか「今日は道行く人3人を左側から追い抜こう」などと、その日の小さな目標を決めることもあります。

1つひとつはたいしたメリットに直結するわけではありませんが、**一日の終わりに「今日は、何をしただろう?」とふり返ってみて、「あーあ、仕事だけ**

で終わっちゃった」といった過ごし方はしたくないので、こうしたささやかな〝成果のきっかけ〟を散りばめておくのです。

このように、筋肉を鍛えるのと同じ要領で、イレギュラーな行動を意識的に入れ込んでいけば、脳もさびつきにくくなるでしょう。

# 「仕事とは別のコミュニティ」が成長と自信の糧になる

同じような目的から、習い事もおすすめです。

**私はよく、研修の受講生に「週に2時間は仕事とはまったく関係ないことをやろう」と伝えています。** どんなに忙しい人でも、「週に2時間」なら時間をつくれないことはないはずです。

逆に「仕事が忙しすぎて、2時間さえつくれない」と言う人がいたら、この人はもしかしたら仕事ができないのでは、と心配にさえなってしまうでしょう。

たとえばスポーツジムに行くとか、陶芸を習うとか、音楽活動をするといったことでかまいません。仕事で使うのとは異なる脳を刺激する時間を意図的につくるのは、とてもおすすめです。

**習い事をするもうひとつのメリットは、「仕事とは別のコミュニティ」を持てることにあります。**

私は極度の恥ずかしがり屋だったので、学校のコミュニティにうまくなじめませんでした。でも、「サッカー」という別のコミュニティがあったことで、自分を支えることができました。

仮に「家族」と「仕事」のコミュニティしかない生活だと、そこで適応できなければ居場所がなくなってしまいます。でも、まったく別の「茶道」や「英会話」「キックボクシング」といったコミュニティがあれば、そこで自分を解放できます。

習い事のコミュニティのいいところは、失敗しても仕事のように責任や成果を問われない点です。

**何度失敗してもいいし、何度チャレンジしてもいい。そして、失敗を恐れずに挑戦することで、自分自身が成長できます。**

企業の経営者がジムに通ったり、トライアスロンにはまったりするのも、体力づくりに加えて、仕事や家族とは別の居場所を保つためなのだと思います。週2時間だけでも、気楽に参加できるまったく別のコミュニティを探してみてはいかがでしょうか。

## すべては自分の小さな「箱」から出ることから始まる

私が主宰するNPO法人、PYDが掲げている標語に**「Think outside of the box」**というものがあります。

**直訳すれば、「箱の外を考えろ」。よりわかりやすくいうと、「既成の枠（箱）**

**にとらわれず、創意工夫して物事を考えよう」という意味です。**

人はみな自分の世界、つまり「箱」を持っています。子ども時代はずっとその「箱」の中で暮らしています。「箱」の中にいれば安心だし、怖い思いをする心配もありません。

でも「箱」の中にいる限り、外の世界は見えません。日本のことわざでいう〝井の中の蛙《かわず》、大海を知らず〟です。

ビジネスにおいて「箱」の中の〝蛙〟がおよそ使い物にならないのは、容易に想像がつくでしょう。にもかかわらず、「箱」から一歩も出ていない人が圧倒的に多いように見えるのは、なぜでしょうか。

会社のネームバリューや肩書にこだわる人たちもそうです。「○○会社の誰々」という「箱」から出たら、自分は何者でもなくなってしまう。それではこれからの時代、通用しません。思い切って「箱」を外した自分の在り方を考えてみる必要があります。

**自分の狭い世界から出てみることで、新しい価値観や考えがたくさんあることに気づくはずです。ポイントは、そうやって見つけた新しい価値観や考え方**

**をつなげていって、新しいものを生み出すことです。**

創意工夫して物事を考える、というのは、自分ひとりでゼロから何かをつくり出すことではありません。もちろん、それができればすばらしいことですが、私たちがいきなり無から有を生み出すのは難しいでしょう。

**まずはすでにある点と点を結んで新しい何かを生み出すこと、そこがスタートだと考えています。**

たとえばここにカップを4つ置いてみましょう。

カップのひとつは自分です。自分がカップから出ない限り、ほかに3つのカップがあることはわかりません。自分のカップの中だけで、いろいろ創意工夫しようとがんばっても、それはあくまで自分の世界の延長にすぎないので、ひとりよがりにしかなりません。

でも、思い切って自分のカップを出てみます。すると初めてほかのカップの存在を知ります。「自分と違うこんなカップがあるのだ」とわかることで、「ではこのカップとこのカップをつないでみたらどうだろう？」というアイデアが浮かびます。

**必要なのは、無から有を生み出す才能ではありません。人と人、ものともの、価値観と価値観を結んでいって、それまでにない新しいものをつくり出す視点です。**

そのために、つねに自分の「箱」を出て、自分以外の人、もの、価値観に気をくばり、つながりを模索する。「Think outside of the box」の考え方が重要だと伝えているのは、そういうわけです。

# 「何者か」ではなく「何ができるか」

ACTION

行動

CHAPTER5

# 恥ずかしいときこそ自分から「先陣」を切れ

私は長い間、内気な自分の性格に悩み続けてきました。その性格を努力や工夫で補ってきたかいあって、バンカー時代は突出した実績をあげることもできました。でも、正直なところシャイである本質はいまだに変わっていません。

だからこそ、今でも積極的に心がけていることがあります。

それは、〝先手必勝〟——。

CHAPTER2で、「人を喜ばせる」ためにガラスにぶつかったときのリアクションひとつにも気をくばる、イケメンの友人の話をしました。彼のひとことに衝撃を受けて以来、私も少しずつ意識して「行動」するようになりました。

**恥ずかしいから、と行動せずにじっと待っていても何もいいことはありません。それよりも、恥ずかしいときこそ、自分が先陣を切って、人を喜ばせるよ**

**うに動いたほうが、恥ずかしくない方向に事態が好転するのです。**

たとえばカラオケに誘われたとしましょう。

自分はすごい音痴で、人前で歌うのが恥ずかしいとします。でもカラオケ店に入った時点で、歌わないと失礼になります。それにいつまでも歌わないと、周りの雰囲気を盛り下げてしまいます。

いつかは歌わなければいけないのなら、自分が先陣を切って歌うほうが恥ずかしさは薄れます。入店するなり、いのいちばんに手をあげて「私が歌います」と先陣を切れば、たとえ音痴でもそれが愛嬌《あいきょう》に変わります。

一方、「私、下手なので……」といつまでももじもじしていると、ハードルはますますあがってしまいます。結局、最後に歌って大恥をかくことになるくらいだったら、先に歌ってしまったほうが楽だし、みんなも楽しめます。

**結局、シャイであればこそ、先陣を切って行動したほうがいいのです。**

私が、誰かれかまわず話しかけるようになったのも同じ理由からです。仕事やプライベートの場で、知り合いに話しかけるのはもちろん、街を歩いていても、コンビニの店員さん、駅員さん、見知らぬ人にも話しかけることで、相手を喜ばせる機会を増やせると考えています。

**先日は、電車でひと駅だけ一緒に乗り合わせた外国人のビジネスマンに話しかけたことがありました。**

たまたま彼が持っていた「ブラックベリー」という小型の携帯電話が珍しい種類だったので、すぐさま英語で「それは、あなたのお気に入りなんですか？(Do you like it?)」と声をかけてみたのです。

「そうですよ(Yeah)」と彼が答えたので、「私もそれが好きなんですよ。小さくて持ち運びに便利ですよね。日本で使っている人はあまり見かけませんが、あなたは日本に住んでいらっしゃるんですか？」と尋ねました。

「いや、住んでいるのはニューヨークです」

「そうでしたか！　じつは私もなんです。これが私のビジネスカードです。どうぞ」

相手がビジネスカードを出したときに、ちょうど次の駅に着いたので、そのままカードだけもらって電車を降りました。その間、正味2分もなかったでしょう。

その後、彼とはニューヨークで再会しました。私が彼に連絡して、ニューヨークでランチをとることにしたのです。彼は外資系の金融機関に勤めているバンカーでした。そのときの会合が直接ビジネスにつながったわけではありませんでしたが、お互い楽しいランチタイムを過ごすことができました。

地下鉄の中のたった2分の会話。それだけの時間でも、恥ずかしがらずに何か行動を起こすことによって、縁やチャンスが広がっていくのです。

## 「What do you do?」派か、それとも「What are you?」派か

欧米では、初対面の相手に英語で素性を尋ねる際に、「What do you do?」という質問の仕方をよくします。一方、日本では多くの場合、「What are you?」という聞き方をします。

**両方とも日本語に訳せば「あなたは何をされているのですか?」になりますが、実際の2つの意味はまったく異なります。**

「What do you do?」は「あなたはどんな行動をして、どんなパフォーマンスをあげていますか?」という意味です。つまり、「人にどんな価値を提供できるのか」という可能性を聞いています。

一方の「What are you?」は、肩書を聞いています。「どんな会社のどんな部署で、どんな役職についていますか?」といったニュアンスでしょうか。要は「何者か」というスペックを聞いているわけです。

日本では圧倒的に後者のパターンが多いのですが、**私は「これからビジネスの場で結果を残していくためには『What are you?』ではなく『What do you do?』の視点で物事を見る姿勢を大切にしましょう」と、いつも口酸っぱく伝えています。**

なぜなら「What are you?」の場合、仮に「私は○○会社で役員をやっています」などと答えたとして、相手が○○会社を知らなければ、そこで話が終わってしまうからです。

これが「What do you do?」であれば、「銀行で融資案件の新規開拓の営業をして、全米1位の成績をあげました」と答えれば、その先、話がどんどん展開していきます。

# アメリカの就職で「ハーバード大学出身」よりも重視されること

「What are you?」の端的な例が、卒業した大学名にこだわることです。

日本人と話していると、決まって「自分は○○大学出身です」という言葉が出ます。偏差値が高い大学になればなるほど、その傾向は強いようです。

アメリカでは、ハーバードなど、よほど有名な大学の卒業生しか大学名は言いません。**なぜなら、卒業した大学はたいして重要ではないからです。その代わりに、よく質問するのが「GPAは何?」です。**

ＧＰＡ（Grade Point Average）とは取得した科目の点数で、どこの大学でも共通して重視される成績の指標です。１科目の成績を４点満点（０〜４の５段階）で評価し、その平均点がＧＰＡになります。

「俺、ＧＰＡが３・６なんだけど」「え、マジで。俺、２・６しかないよ」。こんな会話がふつうにされていて、卒業した大学名を問うことはほとんどありません。**アメリカではどの大学を卒業したかという学歴より、大学在学中にどれくらい勉強したかという、パフォーマンスのほうが重要だからです。**

就職においても、大学を卒業したかどうかより、在学中のＧＰＡとインターンシップやボランティア、仕事の経験が問われます。要するに学歴より経験値が重視されるわけです。

たしかに一流大学を卒業していても、大学の授業にはまったく出ず、遊んでばかりいて卒業した人と、そこまで有名ではない大学であっても、みっちり勉強し、さまざまな経験を積んだ学生では、後者のほうが見込みがある人材だといえます。

その、「どれだけパフォーマンスをあげられるか」というひとつの目安になるのが、GPAというわけです。

日本でも最近は、外資系の企業の就職試験でGPAが問われるそうです。だんだんと世の中全体が、学歴より実際の経験値やパフォーマンスを問う時代に変わってきているということでしょう。

「自分は日本の中だけで生きていければいいから、関係ない」と言っている人も、10年後、世の中が変わったとき、はたしてついていけるでしょうか。現に、この数年間でも、状況は大きく変わっているように感じます。

「What are you?」ではなく「What do you do?」へ――「何者か」から「何ができるか」にシフトする時代が、もうすぐそこまで来ている、ということです。

## 「いかにミスしないか」より「いかにミスに対処するか」が大事

日本人の働き方を見ていると、特に失敗を嫌って、ミスしないように万全の準備をする傾向が強いように思います。

**でもどんなに準備をしても、ミスは起きるものです。「ミスしないこと」に力を注ぐよりも、「ミスが起きたとき、どうカバーするか」に力を注いだほうが、より身軽にチャレンジでき、行動を起こすのも早くなります。**

それを知ったのは、バンカメに在籍する以前、ある日系の銀行に勤めていたときでした。

その銀行にいたころの私は、まさに「ザ・ジャパニーズ」ともいうべき働き方でした。仕事は速く、ミスはしない。機械のような正確さを追求していました。それこそが、自分が有能な人間だと示す要素だと、信じて疑わなかったからです。

そんな思い込みがくずれたのは、当時の私の部署に監査が入ったときのことです。そのころ私は優秀社員の育成プログラムの一環で、コンプライアンスの業務に携わっていました。

社内に法令を守らせる部署なのに、監査で何か引っかかったらしゃれにならない、と私は思いました。「絶対にミスを出してはいけない」――**私はオフィ**

**スに残り、それこそねじりはちまきで、夜を徹して作業をしたのです。**

翌朝、上司が出勤してくると、私はまっ青な顔をして、ヘロヘロになりながらデスクに向かっていました。上司が驚いて「どうしたんだ？」と聞くので、「いや、今日監査があるので、ひと晩中、書類を点検していたんですよ」と答えました。

私は当然ほめられると思いました。なぜなら部署のためにこんなにがんばったのですから。**ところが……上司の反応は予想外のものでした。**

「は？　何やってんの？」

そしてこう言ったのです。

「いいか、おまえ、わかってないな。ひとつ大切なことを教えてやるよ。**人間は失敗する生き物なんだ。だから失敗することが大切なんだよ。**監査でミスが見つかったら、むしろ歓迎すべきじゃないか。どこを改善すべきかわかるんだから」

徹夜して何十時間もがんばった私はガッカリしてしまいました。そればかりか、いざ監査が始まってみると、あんなに私が一生懸命チェックしたのにもかかわらず、やはりいくつかミスが発見されてしまったのです。

**上司がどうするのかと見ていると、まず監査の人たちにはっきりと謝罪の言葉を伝えました。そして指摘されたミスについて、「こんなふうに改善します」と対応策を述べたのです。**

すると、監査の人たちはいとも簡単に「そうですか。それなら、けっこうです」と許してくれたではありませんか。

「なるほど」と私は思いました。どんなにがんばっても、監査の人たちはミスを探すプロですから、必ず何か見つけてきます。そこを否定したり、隠したりしないで、まずは謝る姿勢を示す。そして謝るだけではなく、「今後はこういうことがないように、こんな改善策をこうじます」と方向性を明確に示せば、それで済むのです。

ミスをなくそうとひと晩費やした私の努力はムダになりましたが、その代わりにひとつ、大事なことを学びました。

**人間には必ず失敗があります。いくら徹底してもミスは生じます。だから大**

**切なのはミスをしないことよりも、ミスを謙虚に反省する姿勢と、「今後はもうしません」という対策をどう伝えられるかです。**

「失敗をしないこと」に重きを置いてしまうと、隠蔽やごまかしが生まれてしまいます。そうではなくて、ミスが出たら出たで素直に認めて、そこから対策を立てたほうが、結果的に未来のミスも少なくなります。

失敗を恐れずに、正面から明らかにして、改善しながら前へ進む文化のほうが、イノベーションも生まれやすくなるのではないでしょうか。

# 1回目がダメでも、条件を変えて「3回」チャレンジせよ

私が研修などの場で必ず伝えることのひとつに、「決めつけないこと」の大切さがあります。

「この人、苦手だな」とか「これ、向いてないな」と思っても、実際にトライ

してみないとわかりません。**だから、少なくとも3回は、頭ごなしに決めつけてしまうことなく、「ひとまずやってみる」のです。**

たとえば、まだあまり面識のないAさんという人から食事に誘われたとしましょう。

基本的に「人を選ばない」姿勢の私は、1回目は即座に誘いを受け入れて、Aさんと食事に行きます。でもその会合が、残念ながらまったく収穫のない、無為な時間に終わったとします。

原因は店の料理がまずかったのかもしれないし、Aさん以外に同席した人たちの組み合わせが悪かったのかもしれません。あるいはAさん自身、当日の体調があまり優れなかった、などの可能性も考えられます。

ですから2回目に誘いを受けたら、今度は店を変え、料理を変え、一緒に行く人の組み合わせを変えて、再チャレンジします。

それでも1回目同様、あまり実りのない会合になってしまったとしても、3回目の〝逆転〟に期待します。

もし、条件を変えて3回チャレンジしてみて、それでも心に響くものがなかったら……そこで初めて、Aさんからの誘いについては、慎重に対応するようになるでしょう。

もちろんAさんとの関係を断ち切ってしまうわけではなく、誘われたときにほかの用事が控えていれば、そちらを優先することもある、ということです。

**これは、「だいたいのことは3回試せば、決着がつく」という自分の経験則がもとになっています。** 2回以下だと、「これだ」と決めて判断するのに時期尚早かもしれませんし、4回以上は、そのまま続けてもかえってムダが多くなるからです。

# 何事もやるからにはその1回に「100%の力」を注ぐ

「やるからには、1回1回に100%の力を注ぐ」というのもまた、自分の中で決めている大事なルールのひとつです。

同じ「3回チャレンジする」にしても、「もしかしたら3回でやめてしまうかもしれない」と、様子を見ながら、力を温存してもいい結果は出ません。**その都度100％の力で真剣にぶつかるからこそ、3回目までにベストの判断が下せるのです。**

私は昔から、新しく取り組むことに関してはつねに全力投球、極端なまでに突き詰めるタイプでした。

スポーツであれば、得意のサッカー以外にも、バスケットボールやテニス、ゴルフ、卓球、野球、水泳、乗馬、アーチェリー。ほかにも、文化系であればピアノ、書道、茶道、油絵……友人から誘われるなどして一度でも触れる機会があれば、食わず嫌いすることなく、どんなに慣れないことでも徹底して練習しました。一定のレベルに達するまで、いっさい手をゆるめなかったのです。

思い返せば、異常なまでにストイックだった父に対抗するため、自然とこうした「やるからには100％の力を出して徹底的にやり抜く」姿勢が身にしみついたのかもしれません。

また、そうした負けん気の強さとは別のところで、**全身全霊で向き合うことが「相手へのリスペクト」になる、**という思いもありました。

たとえば誰かとスポーツで対戦していて、実力が下回っていたとしても、相手に手加減してもらってはあまりいい気持ちはしないでしょう。「自分はそれだけ非力なのか」と、よけいに自信や意気込みを失ってしまうだけです。

反対に、たとえ初心者だったとしても、上級者に対するのと同じように全力でぶつかってきてもらえると、たとえその場ではこてんぱんに負けたとしても、あとにはすがすがしい気持ちが残るはずです。自分をひとりの対戦相手として「認めてもらえた」と思えるからです。

だから私は、コーチで小学生にサッカーを教えるような場面でも、決して手加減はしません。今だから明かしますが、子ども相手に本気でキーパーをやっていて、蹴ってきたボールに飛びついた拍子に、勢い余って骨折したこともあります。そのくらい、何事にも全力で臨むということです。

結果的に私自身、サッカーで3軍ながらアメリカ代表チーム（U－15）のテストに受かったり、大学の推薦が取れたりするほどの高い技術を習得できたのも、この徹底して突き詰める姿勢があったおかげでしょう。

**中途半端にやるから、やったことがムダになってしまう場面というのは、思っている以上に多いものです。とにかくやると決めたからには100％の力を出しきってやり抜く――この姿勢を実践して、損することはありません。**

## 15年間続いた「反抗期」が強いメンタルと体力を培ってくれた

父はいわゆる〝昭和の頑固おやじ〟で、そのうえに超がつくほどストイックでしたから、子どもたちの前では絶対的な存在として君臨していました。

実際、メンタルが強かっただけでなく、体力もありました。ゴルフに関しては毎朝練習していたくらいなので、父には到底かないません。初めてゴルフで父に勝てたのは、30歳になってからです。あまりのうれしさに体中に震えが走ったことを覚えています。

テニスにも熱心で、私はしょっちゅう父の相手をさせられていました。

相手といっても、一般に想像するような親子のコミュニケーションではなく、たんなる練習のための〝道具〟として扱われていただけだったように思います。こてんぱんに打ち込まれて、「虐待じゃないか」と思うほどのふり回されぶりでしたが、父の命令を断るわけにはいきませんでした。

**圧倒的な存在として目の前にそびえ立つ父に対して、私が抱いていたのは、「何としても父に勝ちたい」という強烈な思いでした。**

ここまで父の存在が強いと、途中で心が折れてもおかしくなかったでしょうが、私の場合は「勝ちたい」という思いが強烈すぎて、それが自分を逆境に立ち向かわせるエネルギーになっていました。

父に勝ちたいと思い始めたのは12歳ごろ。それから15年間、30歳になる少し前まで、私の「反抗期」はずっと続きました。

父を乗り越えたい一心で、歯を食いしばってがんばってきたことが結果的に成長につながったのですから、その意味で父はすばらしく教育的な環境を私に与えていた、といえるのかもしれません。

## その状況を「逆境」にするか「好機」にするかは自分次第

高校時代はこんなこともありました。

CHAPTER2でも少し触れましたが、私は高校でただひとり、家から学校まで毎日2キロの道を歩いて通う生徒でした。理由はたったひとつ、父の「俺の時代は歩きだった。だからおまえも歩け」という理不尽なひとことによるもの。

ほかの生徒たちはみな、スクールバスか親の車で通学しています。私だけが、雨の日も雪の日も嵐の日も、毎日約1時間、坂のある2キロの道を往復するわけです。当然、学校でも「あそこの家、何かおかしくないか？」と、うわさになりました。

しかし父は頑として歩き以外の通学を許しませんでした。**ただ、この歩き通学は私にたっぷりの「考える時間」を与えてくれました。**

いつしか往復1時間、私は大好きなサッカーのイメージトレーニングをしながら通学路を歩くのが日課になっていました。孤独な私にとって、サッカーは唯一の逃げ道であり、楽しみだったのです。

小学校、中学校、高校と私はサッカーに打ち込みました。サッカーをしているときだけは、自分を解放でき、孤独やさびしさやコンプレックスを忘れることができたからです。

サッカーとの出会いは、小学校低学年のときにさかのぼります。そのころ、私は日本語を覚えるために週末は日本の補習校に行かされていました。補習校でも私は一人ぼっちでした。母国語が日本語ではないため、日本人の子どもたちから「変な日本人」といじめられていたのです。

この学校で参加したのがサッカーでした。日本の駐在員の子どもたちと一緒に始めたところ、すっかり面白さにはまっていきました。幸い、私にはいくばくかのセンスがあったらしく、サッカーボールを触ると周りから一目置かれました。サッカーだけが、自分の輝ける場所だったのです。

**「純日本人」でも「純アメリカ人」でもないアイデンティティが私を情緒不安定な子どもにしていましたが、サッカーをやっているときだけは、自分が何人であるかを意識せずに、自由に羽ばたくことができました。**

家でも学校でも孤独な生活を送りながら、それでも家に引きこもったり、ぐれて反社会的な道に走ったりすることがなかったのは、小、中、高を通じて、ずっとサッカーを続けていたおかげだと思います。

そんな私にとって、高校に通う往復1時間の通学路は、かっこうの「イメージトレーニング」の時間になりました。当時の私の愛読書は日本のマンガ『キャプテン翼』。主人公の大空翼にあこがれるあまり、学校までの道すがら、ボールもない状態のまま、想像の世界で彼になりきっていました。

それこそ片道で何十点ゴールを決めたかわかりません。毎日、変な動きをしながら道を行く高校生の姿は、人から見たらさぞかしあやしく映ったでしょう。でもめぐりめぐって、この毎日歩き続けた高校3年間が、私に強い足腰と、人に負けないメンタルと、豊かな想像力を培ってくれました。

**この経験から学んだのは、どんな環境も、学びに変えることができるということです。**

自分ひとりだけが徒歩で通学を強いられている——その理不尽な経験をネガティブにとらえて親をうらむのか、それとも自分の成長のチャンスととらえて学びに変え、未来につなげていくのか、決めるのは自分次第だと思います。

CHAPTER6

勝利

WIN

# 49%を譲って、51%を獲れ

# 攻撃されたら、仕返しはせずに相手を「優しく殺す」

バンカメで営業をしていた当時、私は熾烈《しれつ》な競争の世界で生きていました。時には営業担当者同士で、お客さんの奪い合いも起きます。

あるとき、先輩から「どうしても数字が足りないんだ。今月だけ君のお客さんを貸してもらえないか」と頼まれたことがありました。

あとで説明しますが、私は「3回までの貸しは無条件でつくりなさい」と父から教えられて育ちました。ですから先輩に何の見返りも示さずに、私の上客を紹介したのです。

すると……結果的には、見事に裏切られてしまいました。

彼は私の顧客を奪っただけでなく、私に関する根も葉もないうわさも流し、私の評判を下げようとしたのです。**ふつうは激怒するケースです。でも私はそ**

**こであえて、まったく逆の態度を見せました。**

私を裏切った先輩のところに行って、何の屈託もない笑顔で「紹介したお客さん、どうでしたか？」と聞きました。

てっきり責められるものと身構えていた先輩はびっくりしています。私が追及してきたら、「自分の客をやすやすと紹介するおまえがいけないんだ」と開き直るつもりだったのでしょう。

ところが私が優しく接してきたために、矛先の向け場を見失ってしまったようでした。彼にも罪悪感はありますから、その負い目もあって、私に優しくされたことで、真綿でしめられたように身動きが取れなくなったのです。

英語にこんな言葉があります。

**「Keep the ones you love close, but your enemies closer.」訳すと「愛する者は近くに置きなさい。そして、敵はもっと近くに置きなさい」という意味です。**

自分を裏切った相手は、罪悪感がある分、敵に回すと開き直って必死で対抗してきます。そうやって自分を正当化しようとするからです。
だから自分の敵になりそうな人ほど、切り捨てて自分の遠くに置くのではなく、自分の近くに置いて、つねにコントロールできる状況にしておいたほうがいい、ということです。

**このテクニックを私は「優しく殺す」と呼んでいて、コミュニケーションのここぞという大事な場面で使うことがあります。**

ちなみに先ほどの先輩の場合は、私がまったく怒る様子を見せずに「紹介したお客さん、どうでしたか?」とか「それはよかったですね」などとニコニコし続けているので、「やばい、こいつ何かおかしいかも」と、ひきつった顔をしていました。
そのあとも会うたびに優しく接し続けたところ、借りがある状態へのプレッシャーに押し負けたのでしょう、そのうち頼みもしないのに、新しいお客さんを紹介してくれたり、シークレット情報をいち早く教えてくれたりするようになりました。

**このように、何かネガティブなことをされたとき、必ずしも声高に相手の非を糾弾しなくてもいいのです。**よく自己主張のはっきりしている欧米人を引き合いに「日本人は我慢して主張しないのはよくない」と言われるようですが、私はそうとばかりは思いません。

たとえるなら、映画に出てくる、しなやかさとしたたかさを兼ね備えた〝ニンジャ〟のようなスタイルです。

攻撃されても、攻撃し返さずにさっと身をかわし、相手が気づいたときには至近距離でニコニコと目の前にじっと立っている。相手からすれば、「こいつ、頭がおかしいか、そうでなければものすごく能力が高い奴《やつ》に違いない」と、恐怖に感じるはずです。

攻撃には攻撃で返さなくても、優しく殺す方法があるのです。

# 相手を負かさずに勝つユダヤ式「51対49」の教え

私の父はアメリカに移ってきた当初、生活を送るに当たって、ユダヤ人の考え方をたくさん学びました。というのも、日本人としてビジネスを行っていくうえで、商売に長《た》けたユダヤ人たちと渡り合えるだけの器量が欠かせなかったからです。

私も知らず知らずのうちに、その一部を父から教わって育ちました。**中でもビジネスにおいてもっとも重要だと感じたのが「必ず勝ちを獲《と》れ。でも勝ちすぎてはいけない」という教えです。**

この「勝ちすぎてはいけない」というところに、彼らが富を維持し続けてきた秘訣《ひけつ》と、人を敵に回さない気くばりの技術の肝があると感じています。

**日本人はもともと「Ｗｉｎ-Ｗｉｎ」の関係や、「近江商人の三方よし」、「五分五分（フィフティ・フィフティ）」といった考え方を好む傾向が強いようです。でもグローバルスタンダードの立場に立つと、そんな甘い考えはまったく通用しないことがわかります。**

このところ、日本の企業が世界で負け続けているのも、日本人特有の理想主義、つまり「お人好《ひとよ》し」の気質が、よくないほうに影響しているからではないかと、私は思っています。

その点、ユダヤ人たちは「損得」に対して非常にシビアです。注意深く観察していると、みんなでピザやコーヒーを分け合うときでさえ、必ず「少し多め」のほうを獲ります。しかも彼らが賢いのは、「圧倒的に多い」ほうを獲らないことです。

**人より圧倒的に多く獲ってしまうと、必ずうらみを買います。たとえば１００対０で、自分が１００を獲ったとしたら、相手もいやがって二度とつきあってもらえないでしょう。**

80対20でもダメです。70対30でも危ういでしょう。スポーツの試合の点数を考えれば、どのくらいの水準が「もう一度対戦したい」と思えるバランスか、想像できるのではないでしょうか。

相手の気分を害さず、つきあいを続けたかったら——言い方は乱暴かもしれませんが——相手を〝生かさず殺さず〟、微妙に勝ち続けるのがいちばんです。

**パーセンテージでいえば、ベストは「51対49」。**

仮に100％獲れる状況だったとしても、あえて49％は相手に譲り、51％を残すことを目指すのです。

すると、相手は「もうちょっとで自分が勝てる」と錯覚して、結果的にお互いに心地いいつきあいを長く続けられるのです。

## 絶対に譲らない「51％のライン」を最初に決めておく

100％獲れる状況であっても、あえて49％を先に相手に譲る、というのは、自分を実力以下に見せることになります。「下手」に出る、といってもいいでしょう。

**そんなとき、相手によってはバカにしたり、なめてかかってきたりすることがありますが、気に病む必要はありません。結果的に「勝ち」は自分の手元に残るわけですから。**

もちろん、微妙な差に調整するのは、とりわけ慣れるまでは簡単ではないので、先に自分が51％を獲ってしまって、そのうえで「残りをどうぞ」という方法もあります。ふつうは１００獲れるなら全部獲ってしまうところを、51だけ確保して、残りはポンと相手にあげるわけです。

私は大学時代、学生寮でみんなを集めるパーティのイベントを企画したことがありました。そのときに意識したのが、この「51％を獲って、49％は譲る」という考え方です。

人がたくさん集まって、美男美女がたくさん来て、パーティも盛り上がって、結果的に利益も出る……というのが１００点満点の出来だとしましょう。

すると、「今日の趣旨はお金もうけじゃなくて、かわいい女の子を30人集めることだ」とか「幹事メンバーは必ず、ひとり10人以上の友達を連れてこよう」などと、初めに「51%のライン」を決めてしまうのです。

そこがクリアできれば、残りは求めない。**「ここは削ってもいいから、ここだけは譲らないでおこう」というラインを決めておくことで、よけいなプレッシャーを感じずに済み、物事がスムーズに進みました。**

銀行でマネージャーになったときも、51対49の考え方を意識していたので、「俺がボスなんだから、とにかく言うことを聞け」というやり方はしませんでした。51%は守るけれど、49%は部下に譲る。そんな姿勢で進めたのです。

この方法を実践すると、もうその時点で対立は終わってしまいます。相手はすでに49%を手にしているので、それ以上攻撃してくることはほとんどありません。おかげで平和なチーム運営ができました。

**大事なのは笑顔をくずさないまま、51%のラインを死守することです。**

49は喜んで相手にくれてやる、でも50以上は絶対に譲らない――わずかの差であっても、最終的に自分が勝っている状態をキープするのです。

**51対49のバランスには、自分自身を戒める意味もあります。**わずか２ポイントの差ですから、ボロ勝ちには感じません。もし自分が１００対０で勝ってしまったら、調子に乗って、自分を反省する機会を失ってしまうでしょう。２ポイントという僅差だからこそ、学べることも多いといえます。

## 20代、30代のうちは「貸し」をつくることをためらわない

ただ、実際のビジネスの現場となると、どこからが49%でどこからが51%か、判断が難しい場合が多いはずです。だから特に20代、30代はトレーニング期間と考え、実際にその時点ではより多く相手に譲ったとしても、その分は長期的な「貸し」と考え、ひたすらトレーニングを積むのがいいと思います。

**私の経験からいえば、ほんとうに大きな勝負ができるのは、40代になってか**

**らです。そのときに20代、30代の「貸し」を一気に回収するつもりで、今は「貸し」をつくる時期、と割り切ってもいいでしょう。**

現に、私が今、日本とアメリカで行っている研修の受講料は、みんなから「安すぎませんか？」と言われるほど低価格でやっています。割合でいえば、40対60くらいでしょうか。20ポイント分の差は私の持ち出し、つまり相手への「貸し」になります。

でも自分としては「全然かまわないよ（It's OK.）」の気持ちです。

細かいコミュニケーションスキルやスピーチスキルの指導など、一般的にはかなりのコンサルティング料をもらえるようなことでも、受講生の役に立つと思えば、タダでどんどん話します。

そうやって「貸し」をつくっておくと、いずれその人が私の教えたスキルによって成果を得たとき、必ず何らかの形で私に返してくれると思うからです。

**もちろんそれは、「お金」やビジネス上の利益でなくてもかまいません。**

「あのときレオさんがこうやってくれたおかげで、今、僕は夢をかなえることができたんです」

そんな感謝の言葉でいいのです。

誰かの人生に貢献でき、役に立てた確証が得られるなら、これほどうれしいことはありません。私にとっては十分それが「リターン」になります。

「貸し」をあちこちにたくさんつくっておけばおいた分だけ、40代以降の人生がとても楽しみになります。

# 「譲る」部分と「守る」部分のバランスを上手に見極める

「20代、30代は51対49に厳密にこだわらず、相手に譲って、『貸し』をつくっていい」と述べましたが、ひとつ注意しておいてほしいのは、それはお人好しに何でも「いいよ、いいよ」と譲る意味ではない、ということです。

**あくまでも、自分の頭の中には「51%はここまで、49%はここまで」という**

です。

**ラインをイメージしておかなければいけません。**そのためのトレーニング期間

たとえば、売る気満々の営業マンが目の前に現れたとしましょう。

あなたにとっての51％は、その営業マンから「商品を買わない」ことです。

ただ、最初から「買いません」と拒否してしまうと、100対0になるので、相手からうらみを買ったり、関係がその場で終わったりしてしまいます。それではもしかすると、営業マンから聞けたはずの有意義な情報を逃してしまうかもしれません。

だから頭の中では「今日は絶対買わない」と決めつつ（これが51％のラインになります）、まずは営業マンに座ってもらって話を聞きます。

そのうえで最後には「あなたのお話はとても有意義でした。お会いできてよかったです。でもすみません。今日はちょっと結論が出ないので、考えさせてください」と言えば、相手を100％拒否したことにはならず、相手も脈があると思って、満足して引き下がるでしょう。

これが、51対49の「バランス感覚」の一例です。

でも、根性がある営業マンなら、ここで引き下がらないかもしれません。49％以上を獲ろうとして、ぐいぐい押してくるでしょう。そのとき、自分の中で51％のラインを死守するのか、それとも営業マンに負けて、50％以上を相手に渡すのか、シビアな判断が求められます。

営業マンとの将来のつながりを考えて、ここはあえて一度「51％のライン」を相手に譲るのもひとつの判断でしょう。

**大切なのは、なしくずし的に「いいよ、いいよ」と相手に譲るのではなく、自分の中で境界線をしっかりと意識することです。**

お金の貸し借りを考えれば想像しやすいかもしれません。自分がいくら貸しているのかわからなかったら、回収ができません。

「どれくらいの貸しをつくったか」「51対49の境界線からどれくらい相手に譲ったか／譲られたか」を意識する――こうしたクリアな感覚が、40代以降の〝回収〟に役立つのです。

# 相手に借りをつくったら「2割増し」で返しなさい

私が親から受け継いだ教えの中に、もうひとつ「借りたお金は2割増しで返しなさい」というものがあります。1000円借りたら1200円返す、もしくは1000円にチョコやクッキーなどお礼の品をつけて返すのです。

**なぜ2割増しかというと、人から何かしてもらったら、「してもらったほう」がそのことを忘れたり、当然と思ったりしてはならないからです。**

「したほう」は、自分がしてあげたことをずっと覚えているものです。お礼がないと二度とやってくれなくなるかもしれませんし、ほんとうに困ったときに、助けてもらえないかもしれません。

「1000円借りたんだから、1000円返せばいいんじゃないの?」

これでは、貸してくれた厚意に十分に応えられていないのです。**1000円**

**に「その人が自分に示してくれた厚意」へのお礼を上乗せする、そのための「2割増しのお返し」です。**

高校1、2年生のとき、サッカーで怪我《けが》をして入院したことが何度かありました。そのときたくさんの人がお見舞いに来てくれたのですが、その厚意に対して何も返せない自分に歯がゆい思いをしました。

やはりそこは日本人の親に育てられ、「借りに対しては（2割増しの）お礼をしなさい」という価値観が植えつけられていたからだと思います。

そこで高校3年生のとき、家出した私を何日も泊めてくれたクラスメートやその親たちに感謝の気持ちを伝えるため、**「サンキュー口座」**というものを始めました。

**アルバイトで貯《た》めたお金の1〜2割を必ず「サンキュー口座」に預けて、何かしてもらったり、自分が借りをつくったりしてお礼をしなければならないときに、そこからおろして使うことにしたのです。**

高校生だと、服やゲームソフトなど買いたいものはいくつでもあります。私も「サンキュー口座」がなければ、お金はあるだけ全部使っていたでしょう。でもこの口座を始めたおかげで、いつも使う分とは別にお金がプールされるので、いざお礼の贈り物をしたいときにすぐに用意できるようになりました。

このお金を使って、私は大学時代、クリスマスや感謝祭などで帰省するたびに、私を泊めてくれた数名の友人たちの家を一軒一軒回って、プレゼントを届けるようになりました。いわば日本のお中元、お歳暮のような感覚です。

学生のうちは花束やクッキーなど手頃なもの。社会人になって、お金に余裕ができ始めてからは、セーターやネクタイなど少し高価なものを持っていくこともありました。この習慣は40歳を過ぎた今でも続いています。

## 「頼まれごと」は3回まで無条件で引き受ける

「借りは2割増しで返す」一方で、自分が貸す側に回ったときは、「3回までは無条件で受ける」ようにしています。これも、ユダヤ人たちに共通する価値観として、父から教わったことです。

**「力は独り占めするな。共有せよ。そうすれば、もっと大きなものになって返ってくる」**

父はそう私に伝えました。それ以来、「何か頼まれたら、3回までは手放しで受け入れる」ようになりました。

たとえば、友人が仕事上で便宜をはかってくれと頼んできたとします。「この人はいつも世話になっているから」とか「この人に貸しをつくっておけば、何か見返りがありそうだから」といった打算はいっさい抜きにして、無条件で聞き入れます。

2回目に何か頼んできたときも、理由は深く問いません。

そして3回目。やはり手放しで頼みを受けますが、「これが最後だよ」ということだけははっきりと言っておきます。そうしないと「この人は何でも言うことを聞いてくれる」という依存心が出て、4回目以降も安易に頼むようになるからです。

**3回で必ずストップすることは、父からも強く念を押されました。**

友達から「ジュース、もらっていい？」と聞かれたときも、ふつうは「いいけど、あげたら今度はちょうだいね」といった反応になりますが、そういうかけひきはいっさいなく、3回までは「いいよ」とあげていました。

すると、私にたかろうという下心がある友達は、3回目からあとは無遠慮に頼まなくなりますし、それ以外の友達は私に借りをつくっている分、私が頼みごとをしたときに快く聞いてくれました。

この方法は、私がバンカーになったときにも活用しました。まだ自分のお客さんがいない後輩に、3か月目、半年目、1年目と、3回に分けて私のお客さんを全部譲り渡していったのです。

その結果、後輩たちが私を守りたててくれ、おかげで2年目に破格の出世をすることができました。

**「Give、Give、Giveと、『Give』を3回繰り返す」、すると、**

**頭で計算しただけのかけひきでは思いもよらないような、まとまった大きなリターンがあとからやってきます。**

# 「もうけること」より「正しいこと」を優先すべき理由

「お金もうけのチャンスを逃すな」という教えと同時に、父から厳しく言われていたのは**「もうけなくてもいいから、正しいことをしなさい」**ということでした。

けれども、どうして「もうけること」より「正しいこと」が優先されるのか、私にはさっぱりわかりませんでした。

「お金さえもうかるなら、どんなことをしてもいいんじゃないの？」――富裕層の多い地域で育ち、周りに「お金をたくさん稼いだ人が偉い」という風潮が広がるのを感じていた私は、子どもながらにそう思ったものです。

それでもまるで念仏のように、小さいときから「もうけなくてもいいから、正しいことをしなさい」と言われ続けていると、次第に「あまりあくどいことをしてもうけてはいけないんだ」という価値観が無意識のうちにインプットされていきます。

あるとき、父に理由を尋ねたことがあります。

「どうして、もうけることより正しいことを優先しないといけないの？」

父は答えました。

「おまえ、考えてもみなさい。世の中は、もうけさえすればいいと思っている人が多いだろう？　でもそういう人がずっとお金持ちでいられるか？

**結果的に途中で没落しているのは、あくどいことをしている奴ばっかりだ。でも、ぶっちぎりにすごい人を見てみろ。ちゃんと正しいことをしていたり、人のためにお返ししたりしていると思わないか？**」

たしかに、友人の家に行っても、並外れて裕福な家の親は、人格者が多い印象でした。

たとえばサッカーが終わったあと、誰かわからないようにさりげなく全員にピザをおごってくれるお父さんとか、自分の子のピアノレッスンがあるのに、それを後回しにして、ほかの子を送っていくお母さんなどです。

一方で、お金があるにもかかわらず、支払いのときになると、そっぽを向いて払おうとしない人もいます。そういう人はその場では得をするかもしれませんが、なぜか幸せそうには見えませんでした。

実際、没落して富裕層の地域から出ていく人たちを見ていると、「ああ、やっぱりね」と父の言葉を思い出すことが多かったのです。

## 目の前の「人とのつながり」は損をしてでも取りに行け

なぜ父がこれほどまでに「正しいこと」にこだわったのか、今になってふり返ると、父自身がアメリカでビジネスを始めたとき、ものすごく苦労したからなのではないかと思います。

父はもともと商売がそれほど上手な人間ではありませんでした。私は子どもだったので、当時は家の経済状態までよくわかりませんでしたが、今から考えると相当苦しい時期もあったようです。というのも、極寒のニューヨークで何年かヒーターを使わずに冬を越した記憶があるからです。

外は雪が降っていても、家ではヒーターが使えません。私と弟はセーターの上にコートをはおって、家の中でブルブル震えている——そんなこともありました。

けれども、わが家がそのまま没落していかなかったのは、父が日本人式の真面目さをもって「正しいこと」を優先し、卑怯《ひきょう》なことに手を染めなかったからではないでしょうか。

**お金もうけのためだけに人をだましたり、自分だけ得をしたり、ずるいことをしたりしなかったので、いざ必要なときに、いろんな人が助けてくれたのだと思います。**

そう考えると、目先のもうけにつられて正しくないことをしても、決して得にはならないのは、ある種の真実なのでしょう。

**目の前の1万円ほしさに友達を裏切ると、その1万円は自分のものになりますが、友達から得られたかもしれない未来の支援、協力、さらには彼／彼女を介するすべての出会いの可能性がゼロになります。**

**すなわち、未来の100万円、1000万円……あるいはそれ以上の、お金に代えられないチャンスを、自ら手放してしまうわけです。**

だから父が言う「もうけなくてもいいから正しいことをしなさい」は、正確にいうと、「もっともうけたければ、正しいことをやりなさい」という、日本語でいうところの「損して得取れ」という意味に近いと思います。

一見、損に見える商売でも、正しいほうを選んでおけば、決して損はしない。未来にそれが何倍にもなって返ってくる、ということです。

# 「お返し」の心が私を一人ぼっちから救ってくれた

サッカーをしている時間を除いて、学生時代の私はひとりで行動することがほとんどでした。たとえばふつう学校でのランチは、友人同士でグループをつくって食べたり、一緒にカフェテリアに行ったりしますが、私はいつもひとりで食べていました。

子どものころからずっと一人ぼっちに慣れていたので、それを苦だとか、いやだと思ったこともありません。自分は誰の力も借りずにひとりで生きていけるし、それでいいと思っていました。

**でも、高校3年生のころに家出を経験して、じつは自分はいろいろな人から守られていたのだと初めて気づきました。**

その日、私は親と大げんかをして家を飛び出しました。原因はよく覚えていませんが、多分家の行事に遅れたとか、参加しなかったとか、そんな理由だったと思います。

とにかく「出ていけ！」「ああ、出ていくよ！」とたんかを切って家を飛び出したのはいいのですが、行くところがありません。

ところがよくしたもので、クラスメート何人かが「うちに来る？」と声をかけてくれたのです。ふだんからわが家の厳しさは近所でも有名でしたから、同情されていたに違いありません。

彼らの親も快く受け入れてくれて、結局私は、友人の家を転々としながら、2週間近く泊まり歩きました。

もちろん、さすがに2週間ともなると、私の親も心配します。親が友達の家に電話をしてきたらしく、結局2週間たって自分の家に戻りました。

友人の家に滞在していたときは、泊めてもらえたことをそれほど大きなこととは思っていませんでした。「子どもが寝るところもなくて困っているんだから、泊めるのは当たり前じゃん」くらいに軽く考えていたのですが、日にちがたつにつれ、だんだんと違う感情がわいてきました。

「野宿をしないで済んだのは、友達やその親のおかげだ。やっぱり感謝しないといけないな」

逆の立場になってよく考えてみると、家出してきたクラスメートを家に泊めるのは、やっかいごとを引き受けることにほかなりません。もしかしたらその子の親とトラブルになるかもしれないし、その子自身が何か問題を抱えている可能性だってあります。

そんなリスクもありながら快く引き受けてくれたのですから、友人やその親には感謝しないといけない、と感じたわけです。

**今まで自分ひとりで、誰の力も借りずに生きていけると思っていた私でしたが、それは傲慢な考え方で、じつは見えないところで、たくさんの人に助けられているのだということがだんだんとわかってきたのです。**

あとになって、そういう謙虚な気持ちになれたのは、小さいころから親に

「人から何かしてもらったら、必ずお返ししなさい」と言われて育っていたことも影響していると気づきました。

日本では「お返し」をとても大切にします。お世話になった人に贈り物をするお中元やお歳暮の習慣がいい例ですが、**ちょっとしたことでもお礼の気持ちを込めてものを贈り合うのは、日本のとてもいい「気くばり」の伝統です。**

実際、私の親もこまめにお礼をするのを欠かしませんでした。

自分はたくさんの人たちから支えられて生きているということ、そしてそういう人たちにお礼の気持ちをあらわさなければいけないということを親から学べたのは――そして、そのことに気づけたのは――私にとってとてもありがたい経験だったと思います。

エピローグ

# 今日、あなたも誰かの運命を変える「ひとり」になるかもしれない

バンカメに移ってすぐのころ、20代後半だったでしょうか。当時、私は銀行マンとして業績をあげることに必死になっていました。

人を蹴落としてでも、自分の数字をあげようという邪《よこしま》な思いが心に満ちていて、オフィスでも部下をどなりつけてばかりいました。

正しいのはいつも自分。悪いのはいつも部下。

「なんでこんなミスをするんだ」「時間通りにあげてこい！」「仕事が遅い！」……私が細かいことまで指摘して怒るので、部下たちからはほんとうに嫌われていたと思います。

そんなストレスもあったので、当時の私は週末になると、ハドソン川の岸をジョギングすることを習慣にしていました。その日も夕方モヤモヤする気持ちを解消したくて、川岸を走っていたのです。

イーストサイドの岸辺には、ベンチがたくさん並んでいる場所があります。ちょっと疲れたので、私はベンチで休もうと思いました。

自分でも不思議だったのですが、そのときなぜか吸い寄せられるように、ひとりの老紳士が腰掛けているベンチに近づいて座ったのです。

ほかにもたくさん空いているベンチがあったにもかかわらず、なぜわざわざその人の隣に座ろうと思ったのか、今でも理由はわかりません。磁石にでも吸い寄せられる、という表現がぴったり当てはまるように、気づいたらその場所に腰を下ろしていました。

隣に座った私に気づいた老紳士が、穏やかな口調で話しかけてきました。年のころ70代くらいでしょうか。白髪の落ち着いた、上品な身なりの紳士です。

根は相変わらず内気なままだった私は、ふだん、知らない人から話しかけられても適当にあしらって相手にしません。でもなぜかそのときは、不思議と聞かれるままに自分のことをスラスラと話していたのです。

最初は「どこから来たの?」「どうして走っているの?」といったたわいもない会話に始まり、次第に仕事のこと、部下のこと、親のこと、小さいときから抱えているコンプレックスのこと、人生、友人、これからの生き方……。

老紳士は黙って私の話を聞き、うなずきながら、ときどき質問をはさみました。そして小さな子をさとすように、優しく私に語りかけました。

怒りや憎悪は邪悪なエネルギーを持っていて、それに支配されると不幸になること——。

親がいなければこの世に存在していなかったのだから、大切にしなければいけないこと——。

謙虚に行動していれば、すぐには理解されなくても必ずわかってもらえるときが来ること——。

当たり前といわれれば当たり前の話ばかりですが、そのとき彼の口から出てきた言葉の1つひとつが、私の心をときほぐしていくようでした。

そして、気がついたら私はその場で号泣していました。

人生であのときほど泣いた記憶はほかにありません。それくらい、当時の私は精神的に追い詰められていたのかもしれません。とにかく初めて会った見ず知らずの人の前で、感情があふれ出し、止めることができなくなってしまったのです。

ふと我に返ると、あたりはもうまっ暗になっていました。私がベンチに座ってから、なんと5時間近くもが過ぎていたのです。

私は老紳士にお礼と別れを告げ、その場を立ち去りました。名残惜しくて、すぐに後ろをふり返ったのですが、彼の姿はもう、どこにも見当たりませんでした。

その夜、週末ということもあって実家に戻り、母にその話をしたところ、母はぽつりと「それは天使かもしれないわね」と言いました。

母によれば、天使がときどき人の形をして天から舞い降り、人間にいろいろなことを教えてくれることがあるのだそうです。

たしかに、あんなにシャイな私が赤裸々に自分のことを話したのは、あのときが最初で最後です。数時間も話していながら、その時間をまったく感じなかったのも、もしかすると母の言葉通り、あの老紳士がほんとうに天使だったからかもしれません。

とにかくその日を境に、私の性格や立ち居振る舞いは一変しました。反抗ばかりしてきた両親には、土下座をして謝りました。「今まで悪魔のような子どもでごめんなさい」と。

「気味が悪いわ」と言いながらもうれしそうな笑顔をこぼした母を見て、私はすがすがしい気持ちに包まれました。

子どものころからずっと両親に抱き続けてきた、澱《おり》のような憎しみや反抗心、欠乏感がすーっと抜けていったのです。それと同時に、他人に対する怒りや憎悪も消えていきました。

あの日以来、私は人に対して怒ったことがありません。会社でもどなりまくっていた私がうそのように穏やかになったので、周囲ではいったい何が起きたのだろう、とみんながうわさし合ったものです。

ひねくれて、邪な気持ちに支配されていた私が、ひとりの老紳士との出会いをきっかけに、まるで魔法が解けたかのように、穏やかな人間に生まれ変わりました。そんな奇跡のような出来事が、この世界では起こりうるのです。

だから私は、研修の受講生たちにもいつも言っています。

「誰にでも、いつでも、人を選ばず声をかけなさい。もしかしたら運命の人に出会うかもしれないのだから。あるいは、自分が誰かの運命の『ひとり』になるかもしれないのだから」と。

この本を通じて、私があなたの人生を少しでもいい方向に変える、きっかけの「ひとり」になれれば、それ以上うれしいことはありません。

最後までお読みいただき、ほんとうにありがとうございました。

2018年2月　マンハッタンのセントラルパークにて

酒井レオ

著者

## 酒井レオ（Leo Sakai）

ニューヨーク生まれ、ニューヨーク育ちのバイリンガル日系アメリカ人。

NPO 法人 Pursue Your Dream Foundation および Advanced Millennium Consulting Inc. 創業者。

厳格な両親のもと、極端な人見知りの性格に悩みながら、日本とアメリカ両方の文化に影響を受けて育つ。

ワシントン大学ビジネスマネージメント専攻卒業後、JP モルガンを経て、コマース銀行（現 TD 銀行）に入社。優秀な社員だけが選ばれるリーダー育成のためのマネージメント・デベロップメント・アソシエーツプログラム（MDA）を取得。

その後、バンク・オブ・アメリカに転職し、2007 年、史上最年少にして「全米 No.1」の営業成績を達成。社内各賞を総なめにするとともに、30 代前半の若さにしてヴァイスプレジデントに就任する。

同年、アメリカンドリームに挑戦しようと渡米してくる人たちを応援したいとの思いから、NPO 法人 Pursue Your Dream Foundation（PYD）を設立。銀行業界からグローバルビジネス教育の世界へ転身を果たす。

これまで 1 万名を超える留学生、駐在員などがイベントやプログラムに参加するまでに成長させ、2009 年 12 月には、同法人日本支店として世界基準のスキルを身につけるためのリーダー育成機関「PYD Japan」を設立。

現在、数か月おきにニューヨークと東京を行き来しながら、金融、IT、メーカーなどあらゆる業界を対象に、社長・役員のためのエグゼクティブコーチングから、マネージメント研修、新人研修まで幅広く指導を行っている。

PYD Japan 公式ウェブサイト　http://www.pyd.jp

全米No.1バンカーが教える
最強の気くばり

2018年 3 月10日　初版発行
2018年 4 月10日　第3刷発行

著　者　酒井レオ
発行人　植木宣隆
発行所　株式会社サンマーク出版
東京都新宿区高田馬場2－16－11
電話 03-5272-3166(代表)

印　刷　三松堂株式会社
製　本　村上製本所


ISBN978-4-7631-3634-3 C0030
ホームページ http://www.sunmark.co.jp